武学讲坛

张强强　李印东　滕树云　主编

北京体育大学出版社

策划编辑：秦德斌　仝杨杨
责任编辑：曾　莉　仝杨杨
责任校对：吴海燕
版式设计：华泰联合

图书在版编目（CIP）数据

武学讲坛 / 张强强，李印东，滕树云主编. —— 北京：北京体育大学出版社，2020.11
ISBN 978-7-5644-3394-9

Ⅰ. ①武… Ⅱ. ①张… ②李… ③滕… Ⅲ. ①武术－研究－中国 Ⅳ. ①G852

中国版本图书馆CIP数据核字(2020)第213466号

武学讲坛　　张强强　李印东　滕树云　主编

出版发行：北京体育大学出版社
地　　址：北京市海淀区农大南路 1 号院 2 号楼 B-421
邮　　编：100084
网　　址：http：//cbs.bsu.edu.cn
发 行 部：010-62989320
邮 购 部：北京体育大学出版社读者服务部 010-62989432
印　　刷：北京虎彩文化传播有限公司
开　　本：787 mm × 1092 mm　1/16
成品尺寸：170 mm × 240 mm
印　　张：8
字　　数：132 千字
版　　次：2020 年 11 月第 1 版
印　　次：2020 年 11 月第 1 次印刷
定　　价：56. 00 元

编辑委员会

序

伴随华夏五千年文明，武术在中华民族史的发展上起着非常重要的作用。与西方体育相比，武术承载了丰厚的民族文化内涵，它浓缩了中华先民的生活哲学和求生智慧，形成了蔚为壮丽的文化景观。

中国文化本应由文与武两方面构成，但统治阶级为了维护阶级统治往往采取重文抑武的治国策略。两千年的封建专制导致“武”文化的式微，使中国文化缺乏“刚健勇武”的成分而过度“柔逊恭顺”。

近百年来，中华民族经历了民族史上最为激烈的大变革，民族文化也在这一历史进程中与西方文化冲突中融合、碰撞中借鉴、矛盾中摄取，逐步走出了一条有中国特色的文化崛起之路。在中华民族伟大复兴的感召下，作为软实力中最为核心的民族文化建设无疑是这场变革的主角。在民族文化的宝库中，寻找符合当代中国社会发展现状、最能代表中华民族文化核心价值的理念，并将其遴选、挖掘、整合、再造和弘扬，成为整个民族精神的食粮，是当代文化建设的主要任务。

武术是中华民族刚性文化的代表，是中华民族精神的集中体现。其倡导的诚信守义、厚德载物、自强不息、爱国保家、勤劳勇敢的价值正是民族所不可或缺的精神信念。“文安邦，武定国”，文武兼备，木是追求完善人格的体现，个国家的发展，本应“文武之道，一张一弛”。继承与弘扬武术文化精髓对于当代民族文化的重振与复兴具有非同寻常的价值。

在这一背景下，武术文化研究成为当代武学研究的亮点，北京体育大学武术学院顺应时代的潮流，本着对武术事业发展的责任感、使命感，为全国乃至全球的武术大家搭建探讨、弘扬武术文化的开放式平台，于 2012 年开办了武学讲坛。

讲坛的宗旨是：探究武学真谛，弘扬武术文化，振奋民族精神。到目前为止，已有门惠丰、康戈武、李连杰、王华峰、赵文龙等二十余位武学造诣颇深的武术大家在讲坛中从不同角度阐述了自己对武术的理解，表达了发展武术事业的强烈意愿。通过全球功夫网等媒体的广泛传播，武学讲坛已在社会上形成了较强的影响力。

为了将武术大家们的思想和真知灼见保存并传扬，北京体育大学武术学院特编撰此书，同时也借此表达对各位武术大家莅临武学讲坛的感谢之情。

张强强

2019 年 6 月

目 录

论武与中华文明的起源

主讲：李印东　　整理：赵景磊

李印东，北京体育大学民族传统体育博士、教授、硕士生导师，武术国际裁判，曾任北京体育大学散打教研室主任，多年来从事武术文化学研究，参与过多项国家体育总局武术运动管理中心课题研究，发表了《武术概念之研究》《论武术与军事的历史渊源》《论中国武术文化的先进性》等十几篇科研论文，出版专著《武术释义——武术本质及其功能价值体系阐释》《武道神艺——中国武术》等，其作品影响颇为广泛。

亲爱的老师们、同学们，大家好，今天是武学讲坛正式“开坛”的日子，我很荣幸能成为武学讲坛的第一位主讲人。我真心地希望通过自己的抛砖引玉，能为武学讲坛带来更多的名家讲座和有关武术的更多精辟的观点。武学讲坛是一个开放的讲坛，我们希望凡是真心热爱武术、对武术有自己独特见解的武道同人都能参与进来，不论是高等学府的武术文化学者还是民间的传统武术习练者，我们都表示热烈的欢迎。武学讲坛是一个允许争论的讲坛，每个人都可以参与进来发表自己的真知灼见，大家可以通过这一平台相互切磋，在辩论过程中探求武学真谛，从而达成一致的观点，而这些观点恰恰有可能指明武术未来的发展方向。

今天我要跟大家探讨的内容是“论武与中华文明的起源”。谈起中华民族武的精神和中华文明起源的话题，我先要阐明一个观点，那就是自古以来，中华民族就是一个极其尚武的民族，中华民族文明的起源和武也是分不开的。因此，今天我们要探讨的问题应该从中华文明的起源开始。

中华文明，是世界上最古老的文明之一，也是世界上持续时间最长的文明。中国在文字、天文历法、建筑、数学、医学等方面都有着独特而显著的成就。更重要的是，中华文明是唯一一个一直延续至今没有中断、没落的文明。因此，我们说中华文明是世界文明最重要的组成部分之一。

一、武与中华民族的形成

（一）武的产生——民物相攫而有武

原始部族为了争夺生活资料、领地、婚配，时常发生争斗，因而部族首领往往是由体格健壮、搏斗能力强者担当。当年幼者逐渐成年后，年长者将搏斗的技艺悉数传授，这就为武术技艺的积蓄和传播提供了基础。《吕氏春秋·孟秋纪·荡兵》中记载：“民固剥林木以战……争斗之所自来者久矣，不可禁，不可止。”这充分反映了中华先民强悍好斗的勇武习性。在物竞天择、适者生存的环境中，武功技艺是民族赖以生存的先决条件，尚武是先民最初之天性。

还有一则事例可以充分证明中国古代尚武。中国人最为崇尚的颜色是红色，而红色是鲜血和生命活力的象征，中国人对红色的偏爱，是我们远祖尚武精神的根性的文化遗存与延续。北京山顶洞人尸身周围撒着红褐色的土或颜料，也表明我们的祖先具有尚武精神。

毫不夸张地说，正是部落战争铸就了中华民族。炎帝部落与以南方蚩尤为首的九黎族部落战于涿鹿，初期炎帝战败，并请求黄帝部落助战，结果蚩尤战败被杀，其部落成员不断与黄帝和炎帝部落融合在一起。其后，炎帝与黄帝两部落因争夺利益而三战于阪泉，最后黄帝部落获胜，于是三个部落就相互融合在了一起，从而形成了炎黄部落。

（二）武的需求推动了古代经济的发展

青铜兵器的产生推动了中国古代冶炼业发展。青铜器文化的发展可划分为三大阶段，即形成期、鼎盛期和转变期。形成期是指原始社会末期的龙山时代，距今约四千年；鼎盛期即中国青铜器时代，包括夏、商、西周、春秋及战国早期（商朝最为鼎盛），延续时间约一千六百余年；转变期指战国末期至秦汉时期，这个时期青铜器已逐步被铁器取代，不仅数量上大减，而且也由使用在礼仪、祭祀、战争活动等重要场合的礼乐兵器变成日常用具，其相应的器别种类、构造特征、装饰艺术也发生了转折性的变化。西汉以后，铁制兵器完全取代了青铜兵器，青铜兵器从此退出了历史舞台。

青铜采冶业是从石器加工和烧制陶器的生产实践中渐渐产生的，随着人们生产、生活范围不断扩大，人们在寻找和加工石料的过程中，逐步识别了自然铜与铜矿石。那时古代人还没有选矿知识，他们大概是把这些共生矿的矿石混合在一起，在矿山上架了柴火烧，再在山坡下挖一些圆坑，经过温度并不太高的柴火燃烧之后，一些矿石熔化了，通过沟渠流入坡下的圆坑，冷却后才凝结成青铜的饼块。开始时，这一过程可能是无意中被发现的，但随后古人们就懂得这些青铜饼块是可以再熔化、再凝结的，从而可以用来制作硬度很高的兵器和工具，我国最早的青铜器冶炼术也就诞生了。

由于先民对冶炼技术知之甚少，早期冶炼的铜一般只能用于制作较短的兵器，例如箭镞、矛尖等。随着冶炼技艺不断提高，逐渐出现匕首等小型铜质兵器。铜镞的出现在早期青铜器的发展进程中具有标志性意义。因为铜镞无论用于动物的狩猎，还是用于战争的射杀，都是一种强消耗性的器具，是铜器冶铸发展到一定程度的产物。考古研究表明，青铜器的大量出现与军事武艺的发展有直接关系。龙山时代的青铜器，主要还是用于维护和加强统治，而不是用于生产。即使到了商朝，虽然生产了大批的青铜器，但除部分是生产工具外，大多还是青铜礼器和青铜兵器，用于祭祀和打仗，即所谓“国之大事，在祀与戎”。也就是说，青铜器与当时的政治、军事、宗教等活动关系密切，被称为“国家政权、等级制度的物化形式”。

春秋战国是我国历史上一个大变革时代，诸侯割据，征战频繁。为了应付连绵不断的战争，各诸侯国不断改进和大量制造各式各样的武器，进行着一场古代版的“军备竞赛”。战争中大量的兵器需求促进了冶炼技术的发展，而冶炼技术的提高又促进了小型的刀凿、匕首及短小兵器的发展，为作战所使用的长柄戈、矛和远射的弓箭，以及防护装备青铜甲胄、盾牌和战车等的产生提供了可能性。精巧的冶炼技术、锻造打磨工艺和能工巧匠成了中国古代制造业发展的基础。

以青铜武器为核心的冶炼技术推动了古代农业文明进程。随着人们认识的不断提高，人们发现在某些金属里面添加一些微量元素可以改变金属的特性，于是就产生了合金，合金的产生导致了金属制品的大量应用，从而又促进了冶炼技术的发展。当时南方吴、越、楚等国造剑业相当发达，涌现出一批名垂青史的铸剑大师，其中有欧冶子、风胡子、干将、莫邪等，也造就了一批传世名剑，如龙渊、太阿(亦作泰阿)、干将、莫邪等。这些名剑中，越王勾践剑最具代表性。1965年12月，湖北江陵望山楚墓群一号墓中发现了一柄装在黑色漆木箱鞘内的名贵青铜剑，此剑的出土，震惊了海内外。这把青铜剑与剑鞘贴合得十分紧密。拔剑出鞘，寒气逼人，而且毫无锈蚀，刃薄锋利。试之以纸，20余层一划而破。剑身满饰黑色菱形和几何暗格花纹，剑格两面还分别用蓝色琉璃和绿松石镶嵌成美丽的纹饰，剑柄以丝绳缠缚，剑首向外翻卷作圆盘形，内铸有极其精细的11道同心圆。在这把锋利无比、精美绝伦的青铜剑剑身正面近格处刻有两行鸟篆铭文，共八个字，后经考古工作者破译，其上铭文为：“越王鸠浅，自作用剑。”

商周时期，因为战争的需要，青铜冶炼技术的发展进入鼎盛期。那时候除了农业之外，冶炼业是最发达的产业。我国大约在春秋中期就掌握了冶铁技术，不迟于春秋晚期即能炼成铸铁（也叫生铁），领先了欧洲近2000年。我国炼铁技术突飞猛进的首要原因是最早采用了高炉炼铁，高炉的应用极大地促进了冶炼技术的发展。

与先前木器、石器用具相比，金属器具有更多不可替代的优势。随着冶炼技术和效率的提高，金属制品由军用逐渐转化为民用。金属农具的应用改变了古代传统落后的耕作方式，极大地促进了农业生产效率的提高，尤其是犁的产生提高了农业耕作的效率和质量，为繁荣古代农业经济做出了卓越的贡献。中国可能早在商朝就发明了犁，那时候的犁是铜质的，到春秋战国时期，随着冶铁业的发展，铁犁才渐渐普及起来。

中国农业自古以来独立发展自成体系，犁的发明是农业史上的一件大事，它使个体经营农业成为现实，促进了小农经济的发展，从而为封建农业取代奴隶制农业奠定了坚实的物质技术基础。

随着人们生活质量的提高，手工业也得到了很好的发展，逐渐革新了古代祭祀所用的祭祀器具。金属厨具的大量应用使人们的生活和饮食多样化，铜镜、铜鼎等日常用具的应用促进了人们生活方式的变革。中国古代农业和手工业的发展，推动了商业的兴起和繁荣，这也为中华民族创造辉煌的古代文明奠定了物质基础。

二、武与中华文化

（一）武的文化是中华民族最早的文化

原始社会早期的氏族部落只有争斗而没有战争，随着生产的发展和人口的增长，居住区提供的生活资料逐渐难以满足该居住区氏族成员的需要，不同的原始部落集团，为了维护或提升各自成员的生存条件而诉诸武力。因此，原始社会的战争起源于经济利益的冲突。社会分工是在自然分工的基础上随着生产力的发展而逐步形成的，当人的劳动能够生产出超过单纯维持劳动者的生存所必需的产品时，剥削随之产生。当人类社会进入阶级社会以后，战争便有了阶级奴役的性质，这时进行战争，往往是为了掠夺。人类为了保护自己的猎物，防止被其他同类抢走，也需要准备一些工具，同前来抢夺者进行打斗。这种打斗开始只在个体间进行，后来又在群体间进行。在当时，人们的生活完全围绕着原始生产与生存斗争，武的生活占据了古人大部分时间，由此产生了人类最早的文化。可以说，“武”是人类文明的源头之一。

（二）军事武艺教育是最早的教育

教育可以视作文化的一个组成部分，又是文化保存与传递、改革与创新的重要手段，因而教育在文化中占有重要地位。

中国古代教育的产生也与军事武艺有直接的关系。商周时期，军队中十分重视士兵的教育与选拔，在周代的“六艺”教育，即“礼、乐、射、御、书、数”

中，“射”“御”两艺都与军事武艺内容有关。孔夫子在《论语》中说过：“君子无所争，必也射乎，揖躟而升，下而饮，其争也君子。”因此，“射”不但是杀敌卫国的技术，也是一种修身养性的体育活动。“御”的范围就是驾驶，在军事武艺中，驾驶本领非常重要。

（三）“教师”一词来源于军事头衔

“师”最初是军官的称号，“师氏”指的是高级军官，“大师”是比“师氏”更高级的军官。西周时担任帝王警卫队长的师氏、保氏，除了负责警卫、随从、军旅等大事之外，还须管理贵族子弟的教育工作。贵族子弟要成为未来的统治者、军队的骨干，首先必须精通武艺，因此，军事武艺训练几乎就成了最早教育中教学的主要内容，自然武艺教官也就由师氏来兼任了。久而久之，教授军事武艺的“师”就转为对教育者的专称。

（四）武与文字

甲骨文是中国已发现的古代文字中年代最早、体系较为完整的文字。甲骨文主要指殷墟甲骨文，又称为“殷墟文字”“殷契”，是殷商时代刻在龟甲、兽骨上的文字。甲骨用武刻辞，指刻在龟甲、兽骨上的关于一切武事活动的文辞，包括对战争准备、侦察、进攻、防御、凯旋等吉凶祸福的占卜记录。甲骨文的主体之一便是“戎”事的占卜档案。在出土的十多万片甲骨中已考释出千余字，而这些单字中有许多是与战争、武事有关的，如“斗”“戒”“弓”“弹”“射”“矢”“戈”“殳”“戚”等。

甲骨文中的“斗”字呈两人徒手相搏之形，“戒”字呈两手持戈之形，“戎”字呈一手操戈、一手执盾之形，“殳”字呈一手或两手拿锤之形，“弓”“弹”“射”则有多种形态的象形表达。从这些文字形象的表达中我们也能够看出，当时文字的初创也和武有着千丝万缕的关系。

三、武与中国传统文化之源——《易经》

（一）《易经》是中华文化的根

《易经》大约在新石器时代就诞生了，甚至可以说是中国进入文明社会的重要标志之一。它不但是最早的文明典籍，同时也对中国的道教、儒家、中医、文字、数术、哲学、民俗文化等产生了重要影响。祭祀和战争是中国奴隶制国家政权的两件头等大事。就执行国家统治职能而言，重视祭祀和占卜是在人们认识自然能力低下的条件下，进行神权统治的重要方式；而看重战争同样是关乎统治者根本利益的大事。因为扩展势力范围、掳掠劳力和劳动成果、保护既得利益而防御侵略、惩罚异己，这一切都离不开战争。成书于商周时代的占卜工具书《易经》，在编纂预测人们休咎的筮辞中，有多处提及军事。

（二）《易经》实则兵书

《易经》对军事理论有直接影响，宋代王应麟在《通鉴答问》中称："盖易之为书，兵法尽备。"《易经》六十四卦，许多涉及战争机动战略的选择，历史上著名的军事家孙膑、吴起、诸葛亮等，都曾根据《易经》原理排兵布阵。历史上戚继光抗倭，在创立阵法时也是参考《易经》原理。《易经》中军事学说占有相当大的比重，它记录了君王、诸侯从和平相处到相互征战的全过程：有作战对象、出征时间的选择，有战略战术的制订、地形与气象的运用，还有作战中的协同配合与后勤补给，战后胜利的庆祝以及对待俘虏的态度，都有相当细致的描述。

《〈周易〉卦爻辞中的"征伐"与"田猎"》一文中认为：《周易》卦象中震、离、坤、巽代表征伐。古代的田猎活动属于军事演习，《周易》卦象中离、震、艮象征田猎。杨力教授更是认为：人们都以为《孙子兵法》是我国兵书之祖，其实错了，《易经》才是我国的兵书之祖。《易经》分《连山易》《归藏易》和《周易》，成书时间应为远古至周代，是我国第一部军事史书，记载了我国古代的战争情况，总结了我国古代战争的经验。

（三）例证

《周易·比卦》所载“不宁方来，后夫凶”，《周易·谦卦》所载“不富以其邻，利用侵伐”，《周易·大壮卦》指出“壮于趾，征凶，有孚”，《周易·否卦》载“有命，无咎，畴离祉”，《周易·乾卦》载“潜龙，勿用”，等等，这些都淋漓尽致地体现了《易经》中的军事思想。

（四）《易经》的产生及对后世的影响

《易经》的成书有“人更三圣，世历三古”的说法，一般认为它指的是上古时期的伏羲、中古时期的周文王和近古时期的孔子。伏羲根据河图、洛书推演出了先天八卦，是《易经》最早的“作者”；文王拘而演《周易》，周文王把伏羲的先天八卦演绎为后天八卦，又进一步推演出八八六十四卦并作卦辞，周公作爻辞，孔子作十翼。

相传在伏羲时，伏羲教民“结绳为网以渔”，养蓄家畜，促进了生产的发展，改善了人们的生存生活条件，这时有一种龙背马身的神兽，生有双翼，高八尺五寸，身披龙鳞，凌波踏水，如履平地，背负图点，由黄河进入图河，游弋于图河之中，人们称之为“龙马”，这就是后人常说的“龙马负图”。伏羲见后，依照龙马背上的图点，画出了图样，这就传说中河图的产生。《周易·系辞上》中也有所记载：“是故天生神物，圣人则之；天地变化，圣人效之；天垂象，见吉凶，圣人象之；河出图，洛出书，圣人则之。”

据《史记》记载，孔子读《易经》，已到韦编三绝的程度了，“韦”是穿连简册的皮线，“绝”是断的意思，可见孔子读《易经》之精深。《论语》中子曰：“加我数年，五十以学《易》，可以无大过矣。”据《易纬·乾凿度》记载，自孔子接触《易经》后，常常自己起卦为自己占筮。一次，他偶然间用周易占卜自己的命运，占得一卦为“火山旅”。当时，他以此卦请教于商瞿。商瞿看后道：“子有圣知而无位。”翻译成白话文就是：先生您虽然具有圣人的智慧，却没有圣人的权位。也就是说孔子没有权威的地位，当然这只是一种传说，不过《易经》对后世的影响我们可以窥一斑而见全豹了。

这些就是今天我要讲的所有内容，最后感谢各位领导和同学们的到来，希望大家能提出宝贵的意见。

中国传统文化审视——从“重武轻文”到“重文轻武”

主讲：李印东　整理：周振华

大家好，今天还是由我继续为大家主讲，这一期的题目为“中国传统文化审视——从‘重武轻文’到‘重文轻武’”。我们先用人们司空见惯、几乎成为至理名言的一句话开启今天的讲座——“四肢发达，头脑简单”。最近，中国科学院心理研究所魏高峡博士的一项研究成果彻底颠覆了这一观点：多年的技能训练使运动员的大脑更为复杂，其双侧丘脑和左侧运动前区的灰质密度明显高于普通人。灰质密度即神经元的密集程度，灰质密度较高者，在神经传导、信息传递等方面就更具有优势。这好比高速公路，地基越扎实，路面状况越好，车行速度越高。

那么，“四肢发达，头脑简单”这样一个充斥混乱逻辑的谚语出自哪里呢？这实际上与习武之人有很大的关系。大家不是经常会听到评价行为鲁莽的人为“一介武夫”吗？不错，这是一脉相承的说法。宋朝重文轻武，宰相王曾当着刘太后的面轻蔑地称枢密使张耆为“一赤脚健儿”，而枢密使是唐代位同宰相、专掌军政的大臣。

我随北京体育大学代表团参观普林斯顿大学时，导游特意将我们带到一尊雕塑前，非常自豪地介绍说这是他们学校第一任校长乔纳森·迪肯逊，他是当时著名的橄榄球运动健将。俄罗斯总统普京先后获得了徒手搏击与柔道专业两项体育硕士学位，曾数次夺得圣彼得堡柔道大赛冠军，媒体上也经常看到他骑着马扛着枪打猎的画面。他们头脑简单吗？当然不简单！头脑发达不等于四肢必须简单，反过来，四肢发达也不等于头脑简单。为什么我们会用身体是否强健来作为判断人智商的标准呢?

中国历史上有许多故事非常值得我们深思和玩味。一个是花木兰从军，另一个则是穆桂英挂帅。这两个流传久远的故事曾经激励过多少华夏志士保家卫国、英勇杀敌。我们似乎对此也很是受用，但是，如果我们换一个角度来考问：女人上战场，男人们干什么去了？这个问题就很是问题了！我们再进一步追问：为什么从来没有人对这则人们津津乐道的、流传千年的女代男出征的故事提出质疑？中华男儿颇要深思了！

最近，我看了一篇 2012 年 11 月 2 日刊登的名为《中国海监“零报考”真相到底如何？》的报道。一年一度的国家公务员考试报名结束，中国海监 14 个船员职位招收 19 人，合格的报名人数为 113 个，其中 5 个职位竟然无一人报名，被称为“零报考”。日本媒体借此嘲讽中国。对此，外交部回应称“日方勿要低估中国人维护主权的决心”，《人民日报》也出来澄清——非中国人不报名、不爱国，而是这些职位要求过高。文章举出两组数据：一是，在今年秋季进行的日本海上保安学校入学考试中，申请者人数为去年的 2.5 倍，达到了 7708 人，竞争比例为 38:1；二是，2012 年中国国家公务员考试报考人数最多的十大岗位，其中 8 个岗位是海关单位，1 个岗位是商务部，1 个岗位是国家民族事务委员会，而国家民族事务委员会岗位竞争比例竟然高达 3992:1。文章发出疑问：为何日本年轻人对海上保安厅趋之若鹜，中国海监部门却好似“清水衙门”，无人问津？这值得我们警惕，当代中国尚武精神严重匮乏！

中华民族最初的天性是尚武的，可是为什么到了汉代以后中华民族尚武风潮却戛然而止？中华民族从“重武轻文”到“重文轻武”是如何形成的？让我们从历史中找寻答案。

一、中华民族历来尚武，武为先民生存之本

如梁启超所说，“中国民族之武，其最初之天性也”。远古时期，武术以及原始兵器的使用既是氏族部落打败对手争夺生存空间的物质条件，又是防御外来侵袭、延续种族的基本保障。中华民族就是起源于古代部族战争。今日中华民族的存续是祖先们崇尚武力的结果。诚然，中华民族曾是一个尚武的民族，强悍好斗蔚然成风。《吕氏春秋·孟秋纪·荡兵》记有：“未有蚩尤之时，民固剥林木

以战矣……争斗之所自来者久矣，不可禁，不可止。”《淮南子·道应训》：“争者，人之所本也。”《晏子春秋·内篇杂下》：“凡有血气者，皆有争心。”这些记载均表明了武力在原始社会竞争中是获得生存的重要手段。在物竞天择、适者生存的环境中，尚武是民族赖以生存的先决条件，武功技艺是先民最初之天性。“国之大事，在祀与戎。”原始生产与部落战争占据了古代先民的全部生活，人类最早的文明也在武中萌芽。

二、“崇文抑武，文武分途”的历史发端

春秋战国时期（公元前770—公元前221年）是中华民族由奴隶社会向封建社会的过渡期，也是用武最鼎盛的时期。历史记载，公元前722—公元前464年的259年中，只有38年没有战争。春秋之时，弑君三十六、亡国五十二，诸侯奔走，不得保其社稷者，不可胜数。上自天子，下至黎民，奔走纷纭，不遑启处，当真是乱世迹象。“邦无定交，士无定主”，在这种社会背景下武士侠风极为盛行。武士作为特殊的社会群体，他们意志坚强，恪守信义，愿意为自己的信念出生入死。在生死抉择中，体格强健、武功超群往往是决定性因素，当时的人们普遍崇尚孔武有力。然而，长年征战也造成生灵涂炭、民不聊生，其中一部分掌握文化的士人开始考虑应采取何种措施以平息战乱达到休养生息的目的。于是就产生了各种思想流派，如儒、法、道、墨等，他们著书讲学，互相论战，出现了中国第一次学术上的繁荣景象，这也就是历史上著名的“百家争鸣”。争鸣中的百家各有自己的政治主张，但他们有一个共同的特点，这就是抑制用武过剩所造成的连年战乱。

古代的“士”阶层是具有一定地位的特定社会阶层，他们在有战事时出征作战。随着生产力水平的提高和职业的细化，他们成为专职武士。因此，长期以来“士”阶层一直都是武士阶层。到了春秋时期，王纲解纽，列国争霸，“士”阶层开始出现分化与蜕变，旧社会秩序的解体打破了有史以来贵族垄断知识的局面，使得平民社会有了产生文人的可能。一部分“士”开始专门从文，他们的主要目标是为统治阶级出谋划策，通过参政而进入上层社会。

然而，作为国家权力的象征，“皇权”的维系不能离开武官所统领的武装力量，但是武官拥有的“武力”过于强大，又会对“皇权”造成威胁。因此，通过

完全依赖于皇权且手无缚鸡之力的“文官”制衡“武官”就显得至关重要。文与武集于一身则对皇权威胁更大，所以文与武必须分途。而且，在社会稳定时期，“以文驱武”成为统治阶级的基本国策。这实际上是历代统治阶级导演的一场阴谋剧，在这长达几千年的剧目中，毫无独立性可言的文士始终扮演着打压、排挤武士的角色。由此，历代统治者通过武装斗争夺取并建立相对稳定的政权后，都无一例外地对民间采取“抑武”的政策，“文与武的分途，武受制于文”也因此成为中国封建皇权专制的社会基本模式。

三、立国之本，文与武不可偏此废彼

秦国用武力灭六国而统一天下后，建立了中国历史上第一个封建王朝——秦王朝。秦始皇为了维护皇权统治，采取的重大措施之一就是收缴天下兵器，在民间禁武，“以弱黔首之民”。《史记·秦始皇本纪》载，秦王“堕名城，杀豪杰……收天下兵，聚之咸阳，销以为钟鐻，金人十二，重各千斤，置廷宫中”。秦始皇做了中国历史上第一个皇帝，自称“始皇帝”。他规定：自己死后皇位传给子孙时，后继者沿称二世皇帝、三世皇帝，以至万世。秦始皇梦想皇位永远由他一家继承下去，“传之无穷”。然而，传到二世胡亥，秦朝就灭亡了。秦王朝统一六国而刚刚建立起来的伟大的帝国短短数年就被葬送了，其原因何在？除了实行法家的苛刻法治和暴力，很重要的一条是采用李斯的建议“焚书坑儒”。秦始皇同意李斯的建议，认为这帮儒生“以非当世，惑乱黔首”，再加上“卢生”“侯生”欺骗诽谤秦始皇，结果四百六十余儒生方士在咸阳被坑杀。虽有学者认为“焚书坑儒”是秦始皇一次统一思想的大行动，然而，其结果却是招致秦帝国的衰败，“重武轻文”最终也没能解救秦帝国改朝换代的命运。

平民起家的汉高祖刘邦用武力打败项羽夺得天下。统一中国建立汉朝之后，刘邦一改前朝好战与分裂的政治主张，“厌苦军事，亦有萧、张之谋，故偃武一休息，羁縻不备”，先解决军事上的威胁，而后文治理天下，重用儒生，成为中国历史上第一位祭祀孔子的皇帝，从而为汉朝及后世以儒家思想文化治国奠定了基础。汉武帝以前，汉朝统治者遵循的治国方略是黄老之学，“无为而治”“不尚贤，使民不为争”；而汉武帝亲政后，采纳了董仲舒的建议，“罢黜百家，独尊儒术”。

自此以后，基本形成了以武夺权、以儒治国、文武殊途、分而治之的朝代兴衰与更迭的统治格局。虽然历代统治者从维护国家的角度来看，也认识到“故国虽大，好战必亡；天下虽安，忘战必危”。废武当然不敢，只能通过“轻武”达到“抑武”的目的。尽管历代当权统治者对武都极力压制，贬低武士的社会地位，但是由于社会的动荡不安，战乱不断，习武之风在古代社会各阶层仍然盛行。

宋代贯彻“重文抑武”最为彻底。为了防备类似陈桥黄袍加身的剧目重演，开国皇帝赵匡胤杯酒释兵权，解除武将隐患。其后的继位者更是变本加厉，对武将采取积极的排挤打压的政策。宋代狄青、宗泽、岳飞等著名的抗西夏、抗金武将，在这些皇帝与权臣的玩弄掌控中，没有战死疆场，而是在失意与落魄中死去，壮志未酬而抱恨终生，这实在是宋代武士的悲哀。陈尧咨的遭遇则可以看作是宋代“重文轻武”极端化的一则典型案例。陈尧咨于宋真宗咸平三年中庚子科状元，不仅文笔在其两位兄长之上，而且酷好武艺，练就百步穿杨的精湛射术，世人送给他“小由基”绰号。文武双全本可以造就宋帝国栋梁之材，然而，精湛的武功与尚武的精神非但没有为其仕途加分，反而为掌管朝政的文官所轻视。他的两个兄长因符合当朝文官形象而迅速升迁，虽无军事和政治才能却分别做到帝国重要军事将领和官拜宰相；而陈尧咨因为周身散发阳刚气息而为柔弱腐朽官场所排斥，虽志向颇大却被迫转入武职而一生仕途颠簸。陈氏三兄弟在仕途的结局足以说明当时崇文抑武之策对武士阶层打击压迫的程度之深，宋帝国的衰败亡国迹象已尽显。

四、武艺是历代皇帝防身立国之本

“重文轻武”只是统治者对外的一种表象，事实上，历代皇帝大多重视武艺，因为在冷兵器时期，武功是保全性命最重要的手段。因此，统治者往往能征善战，尤其是开国皇帝更是武艺非凡。夏、商诸王中武功过人的不少，夏桀和殷纣都有非凡的勇力。《史记·律书》载：“夏桀、殷纣，手搏豺狼，足追四马，勇非微也；百战克胜，诸侯慑服，权非轻也。”商朝开国君主商汤崇尚武功，《史记·殷本纪》载：“汤自把钺以伐昆吾，遂伐桀。”商王朝第23位王武丁具有非凡的武功与勇力，殷商卜辞中就有不少对武丁征伐及其田猎擒获猛兽的武勇纪事。其后的王武乙也是有名的弓箭手，常常“猎于河、渭之间”。

秦始皇武功也相当高强。当年秦始皇被荆轲追杀，他绕柱而逃并砍伤了荆轲一条腿，最终荆轲被杀。作为职业刺客，荆轲武功自然非同寻常，因此推测秦始皇武功也相当不错。三国时期，魏、蜀、吴君主都具有文韬武略。魏武帝曹操就是武艺高手，《魏书》记载："兵谋叛，夜烧太祖帐，太祖手剑杀数十人，余皆披靡，乃得出营。"其子魏文帝曹丕武功更是非凡，《典论·自叙》记载曹丕与邓展的比剑过程："（余）宿闻展善有手臂，晓五兵，又称其能空手入白刃……时酒酣耳熟，方食甘蔗，便以为杖，下殿数交，三中其臂……展言：'愿复一交。'余知其欲突以取中也，因伪深进，展果寻前。余却脚鄛，更截其颡。"

隋文帝杨坚14岁随父出征，多有军功，《北史》中赞美隋文帝："皇考美须髯，身长七尺八寸，状貌瑰伟，武艺绝伦；识量深重，有将率之略。"唐代的开国皇帝李渊本是隋朝著名军事将领，统率军队南征北战，建立卓越功勋，武功自然不差。唐太宗李世民更是武艺高强，自幼聪明敏捷，胆识过人。作为世代显赫的将门之后，他从小就受到家庭尚武习俗的熏陶，练就了一身精湛的武艺，所接受的教育也是骑射征战。《资治通鉴》记载他作战中曾"手杀数十人，两刀皆缺，流血满袖，洒之复战"。在指挥战争中，他骑马弯弓，冲锋陷阵，所用的弓箭比平常人用的要大一倍，命中率高，威力大。他嗜骏马成癖，在他死后所建昭陵内陪葬的有六骏雕刻，雕刻精美无比，既是唐初雕刻艺术的高度成就，也是唐太宗嗜马成癖与他驰誉战场的真实写照。

宋太祖赵匡胤发动"陈桥兵变"做了宋朝开国皇帝。在此之前，他在前朝倚仗弓马博取前程，并升迁至藩镇。赵匡胤武艺高强且神勇无比，曾单挑敌方名将而威名大噪，成为后周禁军众将领中的翘楚。武术流派中有"太祖长拳"，相传为宋太祖赵匡胤所创，赵匡胤靠此技打下宋朝天下，其拳法传于后世，称"太祖拳"，由此也可见赵匡胤武艺之精湛。

元朝开国皇帝成吉思汗更是能征善战，武功卓著。在位21年间共发动60余次战争，除"十三翼之战"战败，其余战争都以胜利而告终。对外征服战争使元朝的疆域北到蒙古、西伯利亚，南到南海，西南包括今西藏、云南，西北至今新疆东部，东北至外兴安岭、鄂霍次克海，总面积约1200万平方千米，打通了亚欧大陆，征服地域西达西亚、中欧的黑海。古今中外军政要人都对成吉思汗的无与伦比的军事才能给予高度评价，并以其为师。

明太祖朱元璋出身寒微，曾入皇觉寺为小沙弥，后寺院解散被迫逃荒要饭，

25岁加入郭子兴队伍后，作战勇敢，机智灵活，很快得到郭子兴的赏识。朱元璋顺应时代潮流，凭借其雄才大略、远见卓识，身先士卒，北上剿灭元朝残余势力后，建立了全国统一的封建政权。

用祖、父所遗的13副甲胄起兵的努尔哈赤，25岁统一东北女真部落，建立后金。在与明朝军队作战中，屡次取胜。其子皇太极从小就参加打猎，练得过人勇力，步射、骑射，矢不虚发，稍长随父出征，因为他吃苦耐劳，体格健壮，英勇善战，战功赫赫，深受努尔哈赤喜爱。沈阳实胜寺曾藏有他用过的一张弓，矢长四尺余，不仅一般人不敢问津，就是壮士也很难拉开，而皇太极当年运用自如，这足以说明其武艺之高强。

五、武艺历来是统治阶级教育中的重要内容

历代帝王在弱民而治的同时，将武备教育作为贵族的特权，这一点在最早出现的教育机构及其教学内容中都可见一斑。“庠序”是古代学校的称谓，其原意为习射之地。古代贵族子弟所学的“六艺”中射、御与军事紧密相关。西周初期的学校教师都是由高级军官担任，其职名为“师”，后来的教育者就延续“教师”这一称呼。在古代相当长的一段时期，只有贵族才能佩剑，平民老百姓是不能佩剑的。因此，中国古代习武是贵族特权，统治者都十分重视对皇子皇孙的弓马骑射等武艺教育，皇宫内也多设有类似习武练功的场所。

清朝是少数民族靠骑射入主中原而建立起来的王朝，因此特别重视皇子的骑射武艺。如康熙皇帝规定皇子们必须演练武艺，学会骑术箭法。他认为，练就过硬的武功，一能统兵打仗，二可强健筋骨。皇子学习步射时，由御前大臣及乾清门侍卫派出数人随同较射，以资观察。康熙每每到山林狩猎，都无一例外地要带皇子们参与其中，以此检查他们在学校习得的骑术、箭法的水平。

在漫长的封建时期，一旦统治者江山坐稳，就将“重文抑武”作为一项基本国策坚决执行。中华民族也始终在弱国民而强皇权的独裁统治下积弱积贫。鸦片战争后，中国开始沦为半殖民地半封建社会。一些仁人志士效法西方开展洋务运动，以变法图强倚军事救国，而流亡日本的梁启超更是认识到改变柔弱恭顺的民风，重塑强悍的民族精神才是一切的根本，于是慷慨陈词写下《中国之武士道》以期望唤醒民众。辛亥革命以后，当时一些有识之士认识到，“火器输入中国之后，

国人多弃体育技击而不讲，则致社会个人积弱愈甚”。推翻满清政府的孙中山对民族柔弱恭顺所带来的危害有清晰认识。1919 年在精武体育会成立十周年的纪念活动上，孙中山亲自题“尚武精神”匾额。青年时代的毛泽东对国人体质柔弱甚为忧虑，他积极倡导“欲文明其精神，先野蛮其体魄”，其尚武气质卓然独秀。

虽经过近代几多志士的不懈努力，民族积贫积弱的性情略有改观，然而中国几千年封建专制所形成的柔弱恭顺的精神文化，积习难返，其在维系我们民族的同时也在伤害着这个民族的肌体。欲从根本上改善民族文化阴盛阳虚的局面，必须从孩童尚武教育抓起。阳气不足、阴气过剩已经成为阻挡中华民族崛起的巨大障碍。

六、结语

我们中华民族历来是一个崇文尚武的民族，无论是“重文轻武”还是“重武轻文”，都不过是当权统治者为了便于维护自身统治而采取的一种策略和手段，而正是由于这种策略和手段的片面性与局限性，使得统治者长治久安的政治愿望难以实现，所以历朝历代皆由盛渐衰，频频更迭。至近代，我国一些有识之士开始提倡并推崇尚武精神，但收效甚微，数千年封建专制下所形成的柔弱恭顺的精神文化，并未从根本上得到改观。因为戊戌变法失败，梁启超赶赴日本，看到日本人虎狼一样的精神并为之震撼。他觉得中华民族太柔弱了，为了唤起中华民族的精神，他写了《中国之武士道》以激励中国人要有刚强勇猛的精神，要有武术的精神。这些历史经验告诉我们，武与文只有和谐发展，齐头并进，才是国家长治久安、久盛不衰和民族自强不息、奋发有为的根本保证。因此，要想彻底改变当前社会民族柔弱恭顺的现状，只有重拾先民尚武之本，使国人在努力完善自身文化修养的同时，还要具备武术的阳刚雄健气魄，才是改善民族文化、提升民族精神的正确路线。

太极运乾坤　武术健国魂

主讲：门惠丰　整理：闫晓朋

门惠丰，1937年出生于天津静海县，中国武术协会副主席、中国十大武术名教授、中国武术九段、东岳太极拳的创始人，担任北京国际商务学院体育系技术顾问兼名誉主任，国际级武术裁判。曾任中国武术学会委员、中国武术协会委员、北京体育大学武术系主任等职位。他崇尚武德，时常教诲学生要武德高尚、武风正派、武礼谦和、武技精湛，练拳先做人，信守仁、义、礼、智、信、勇，潜心求学，心怀若谷，要兼收并蓄、合而异同。

我非常高兴能够受邀参加由北京体育大学武术学院举办的武学讲坛，在此利用这次机会，向武术学院的老师、同学，讲一下北京体育大学武术学科逐步发展的历程。

太极拳是武术的一种拳种，历史悠久，是中华文化的重要组成部分。下边我谈一下太极拳的发展历程。中华人民共和国成立之初，毛主席就提出，要改变中国人的形象，就要改变国民的体质，要提高人民的身体素质，倡导全民性体育活动，如爬山、游泳、打太极拳等。

1979 年，国家体委发出一则通知，要求全国开展武术的挖掘整理工作。当时国家体委的赵晓杰为组长，我为副组长，分别带领工作团队。他们一行沿海南下，出北京，过天津，到上海；我们的队伍是从河北出发经山西到四川。我们用两个半月的时间，基本上走遍全国，除了太极拳，把所有的拳种都考察了一遍。当时刚经历“文化大革命”，在“文化大革命”当中，“批林批孔”“反四旧”，而武术就位于四旧之列，是要遭到批判和反对的，但是邓小平指出“太极拳好”，让所有人的心都安定下来。

考察回来后，我上交了一份报告，要进行太极拳的整理、研究、发展和推广，得到了国家体委的批准，国家体委立即组织北京体育学院（现北京体育大学，以下称“北京体育大学”）的老师，进行陈、杨、吴、孙四大流派太极拳的整理，请各地的老拳师到北京体育大学来教学，学了之后练习，练习之后创编出规定的套路。为什么要创编规定套路呢？在一次中日太极拳比赛中，张文广老师做总裁判长，我作为 48 式太极拳的裁判长。当时运动员们打太极拳没有规范，比赛结束开总结大会的时候，有人提出来要把传统的太极拳编成规定的套路，这个提议得到了大家的极力赞同，预定第二年就开始实施。当然其中还有很多矛盾和困难，当时仍有部分人质疑这样的创编是否合理可行。直到后来，我们北京体育大学创编整理出各式太极拳的规定套路之后，又请各派的拳师来北京进行审定，最终形成了陈、杨、吴、孙四大流派太极拳的规定套路，但是当时武式太极拳开展得比较少，没有整理创编出规定套路。后来我去河北永年担任太极拳的裁判，发现武式太极拳也很有特色，就提出申请，要把武式太极拳也编出规定套路，后来也就有了陈、杨、吴、孙、武五大家的规定太极拳套路内容。这些都是我们北京体育大学的贡献。太极拳是武术推向国际的先锋，它局限小，要求少，老少都能练，在世界上推广的难度比较低。

规定套路编出来以后，为了迎接第 11 届全运会又创编了 42 式太极拳和太极剑。创编这些内容，也经受了很多舆论压力，当时有人不赞同和批判，但是如果不规范，就很难得到发展。就像陈氏太极拳，在晚清到民国时期就很少有人听说，而杨氏太极拳因为是从清王府中传播开来，改变了太极拳的动作，降低了难度，使动作变得舒展大方，中正端庄，并且在上层社会流行起来，后来就越传越广。

后来我们组织力量创编了 36 式陈氏太极拳，并将这套陈氏太极拳教授给北京武术队队员，他们后来出访美国，使得太极拳在美国引起轰动。武术队还没有返回北京，美国的太极拳学习团就已经悄悄来到北京，四地寻访学习太极拳。他们刚一开始在北京武术队学习太极拳，曾在动物园里教学，引起了周围群众的好奇和围观。当时的赵院长知道了这件事，提议把美国太极拳学习团引进我们北京体育大学，建立起长期的联系和学习交流，最后，还送给美国友人烙有“北京体育大学赠”字样的三根白蜡杆作为礼物和见证。

日本得知此事以后，迅速派出 12 人的太极拳学习团队，来到北京体育大学，开始太极拳的学习。他们不仅要学习 36 式陈氏太极拳，还要把杨、吴、孙氏太极拳都学会，就这样 12 个人分成三三两两的小组，把当时陈、杨、吴、孙四家太极拳规定套路全部学会。学习结束之后，他们的团长曾经这样扬言：“十年之后，太极拳的中心不在北京，要在东京。”他们之所以说这样的话，有三点原因：其一，有钱，日本当时经济发达，有足够的钱，可以任意邀请老师去教学；其二，有人，日本有百万计的太极拳学习者，老师在哪教，就可以安排人在哪学；其三，有地方，要在日本教太极拳，任何地方都可以进行，而且地方足够大，可以保证教学的需要。这件事激起了我们强烈的民族自尊心，当时就决定，不管日本出多少钱，我们的教练员都要去“占领”日本，把我们学校的教练员分派到日本国各地进行太极拳的教学。所以，日本的太极拳，基本上是由北京体育大学教授的。

刚刚简单谈了一下太极拳的发展，由于时间关系，就不进行深入的详细讲解了。在人类进入 21 世纪的时候，每个国家和地区都想将自己最古老的文化，在最具有代表性的地方，展现给全世界的人们，拥抱新世纪。当时，中央电视台联系国家体育总局，要找一位会打太极拳的白发老人。当时国家体育总局武术运动管理中心有位我们学校毕业分配去的学生，那个女孩向他们介绍了我。伍绍祖主任就找到我，把这件事说了一下。我当时建议说，我是个老师，时间上不太容易协调，而且，我的头发只是花白，应该找到一位白头发、白胡子的老人，打出来的太极拳肯定效果会更好。他们就到全国各地、大小公园寻找白胡子、白头发的老人，找了一段时间没有找到，又回来找我，于是我成为最佳人选，我也就没再推辞，答应了。

第二天，摄制组就到泰山上找地方。就这样我们在泰山上一住就是十几天，当时大冬天零下十几度还刮着大风，我穿着表演服，里面穿着保暖衣，孤身一人在泰山上打太极拳，直升机在天上围着我转，直升机拍完以后，通过卫星将视频传播到全球。他们说："老师您不要有负担，您就看看地方合适不合适。"那个山顶叫作"尧灌顶"，以前是尧帝拜天的地方，后来的秦始皇还有很多皇帝都在那里祭天。我看了看地方真是太小，他们说："老师您看多大可以？"我说："至少有六米的直径大小吧。"好，那就垫吧，于是一下子来了六十多人的武警队伍，开始往山上背石头和土，把三平方米不到的斜坡垫补到直径六米，垫了三四天，山下边又修了个直升机机场，从河南军区调来了一支空军队伍。当时中央电视台台长问我道："老师，准备好了吗？您去踩踩那个地方吧。"我一共去了五趟。从山下的饭店爬上去，一走就是一个半小时，我去试了试，地下石头是硬的，上面的土是软的，软硬兼具。日后如果你们有机会去泰山就会看到这块地方。当时有一个太极拳动作是下势，我在做的时候正好在悬崖的边上，下边就是深渊，山顶的风呼呼地吹着，很难站稳，直到第三次的时候才能够起来，最后终于成功了。

接下来就到名字问题了。泰山是五岳之首的东岳，我念头一闪，那名字就叫"东岳太极拳"吧。东岳太极拳代表了泰山，也就代表了古老的文化。后来，杨丽老师编写了一本《太极拳辞典》，把东岳太极拳第一个放在了辞典里。后来给太极台垫了十厘米厚的泰山石，呈阴阳鱼图样，把对中国武术有贡献的领导和我们学校的老前辈，以及邓小平的题词"太极拳好"都刻到太极拳石上去了。五年以后，有人提出，太极台是平的，只能从上边往下看，从下边往上看不到，建议在泰山顶上修个太极亭，可以从下往上看。后来在一位学习太极拳受益的外国人的赞助下，修建了太极亭。

从邓小平题词"太极拳好"到后来经历的这些事，都说明太极拳得到了更大的重视，并且不断在发展。这一时期太极拳走向了世界，成为了一个文化佐证。

今天谈这些是为了说明，我们北京体育大学为武术的发展所做的贡献。作为北京体育大学武术学院的成员，我感到自豪，争取为武术多做点贡献。

24式太极拳，是张文广老先生主持编排的，后来的各式太极拳包括42式太极拳都是我们打报告，然后组织人编排，最后出版发行到全国乃至世界各地的。今天我非常自豪，有机会把这些话讲给我们的领导、老师和同学们，来振奋民族精神。

在冷兵器时代，我们的祖先和野兽做斗争。为了获取食物和保护自己，我们的先人用石头或者木棒打野兽，一个地区的野兽少了，氏族之间就会争抢野兽，徒手或用棍棒打斗。后来，有部落把石头绑在木棒上，磨尖利了，更具有杀伤力，把落后的部落或氏族打败或兼并之后，就成了一个大社会。奴隶社会、封建社会……后来，有了铜器、铁器……有了武艺中的十八般兵器。所以说，没有中华武术，中华民族的繁衍是不可能的。没有武术就没有中华民族，在冷兵器时代就是武术造就了我们的民族。

武术是我们中华民族战斗的武器，是文化的创始。谁的武器好，谁的战士强，谁就能打胜仗。明朝开国皇帝朱元璋因饥荒曾边流浪边乞讨。后来他结交了很多练武术的朋友，最后揭竿而起，推翻元朝，建立了明朝。他认为练武的人不可以掌权，就逼迫为他厮杀的大将都解甲归田，而正是这些流落民间的武将给我们留下了今天的武术套路。我练的翻子拳，是太平天国的大将冯和善所创，他到河北编拳传拳，准备再揭竿而起，但是没有成功，然而他的拳流传了下来。武术就要继承，没有继承就没有发展。

我并不是大家，而是杂家，擒拿、格斗、各种拳种我都学。“文化大革命”结束后，北京进行治安整顿，提出要把北京建设成为世界上最安全的城市。公安警备处就来到我们学校说找一位懂擒拿格斗的老师，学校就派我去了。我们学校老师在五十天里，教五十个公安战士学习踢、打、摔、拿。32年过去了，这些战士在去年九月份举办了擒拿格斗比武，他们都成了擒拿格斗的专家，也有很多的事迹，荣立一等功、二等功之类的，他们还邀请我去看。后来，我和朱瑞琪老师又被邀请去教士兵，他教散打，我教擒拿格斗，也是一个半月时间。我去了就教两招，分别是太极拳里的手挥琵琶和背折靠，确实起到了效果。

北京体育大学的武术，是有特色的体育项目，都是来自民间的，经过科学的研究、挖掘整理，然后推向社会，推向国际的。这是北京体育大学的学生应该肩负的责任，应该把更多更好的武术项目挖掘出来，加工整理成为对我们今天有用的东西。

如果同学们想掌握一种拳种并对它进行科学研究，就要到民间去挖掘，挖掘出来以后，回来整理成书和材料。这是一个很好的走向社会、把社会的东西带进北京体育大学的社会实践活动。我们的武术文化，需要你们这一代人发扬光大。

寻求武术面面观

主讲：王华锋　整理：吴鲁良

王华锋，教授，北京体育大学武术散打教研室支部书记，硕士研究生导师，武术八段，国家级武术散打裁判，1954 年出生于武术之乡——沧州，自幼习武，青少年时期经沧州地方少林门的陈子玉、王玉庭、王树生，明堂门的张殿宾，通臂劈挂门的郭瑞祥等名师指导。王华锋于 1976 年进入北京体育学院体武系（现北京体育大学武术学院），1979 年毕业留校任教。从事武术教研工作以来，他取得了丰硕的研究成果，主要有：“武术教学训练中‘信号’运用的研究”“沧州劈挂拳历史之研究”“中国武术散打王争霸赛市场与赛制的研究”“中国功夫——美国职业拳击争霸赛技术与赛制的研究”“中国武术散打王争霸赛运动员心率变化研究”“中国武术散打王争霸赛75公斤级现象研究”“民族传统体育学培养目标及课程设置研究”“武术文化与武德礼仪研究”等，并著有《劈挂拳》《疯魔棍》《短兵——刀剑实战技击法》《中国武术系列竞赛套路——劈挂拳》《擒拿百则》《中国短兵教程》《中国长兵教程》《体育与健康》等专著或教材。

今天来了很多同学，我先问一下，研究生同学有多少人？请举手，放下。本科生呢？请举手，放下。武术学院以外的有吗？好，来了七位，让我们为这七位同学鼓掌！虽然只有七位武术学院以外的同学，但是我也要说这句话，这就是武术的魅力，是武术的魅力让你们都来到武学讲坛。以后继续欢迎你们，你们能到这里来，便是为武术事业的发展贡献了一份力量，谢谢你们！

组织武学讲坛的研究生团队的成员都很努力，几个研究生根据我这个话题，做了很多很多的准备工作。我们的同学给我策划的题目是“21世纪武术面面观”，我觉得这个题目有点大，我认为“武术面面观”前面加个“寻求”更适合，我认为我们可以通过这个论坛，以聊天的方式来探讨一下不同领域、不同职业、不同年龄的人群对武术的看法。不同人群根据自己的需要，习练武术当中的不同内容，他们的目的也不完全一样。

不同地域练的拳种也不相同。南拳北腿在我们国家历史悠久，并有明显的地域特征。南拳的特点是以手法为主，而北派武术以腿法为代表。在武术中，南拳北腿是以地域划分的。因为南方人的工作和生活环境以水居多，在传统的生活方式中，用船的机会多，在船上发生冲突与战斗的次数比较多，所以慢慢就形成了南拳。南拳以手法为多，步伐稳健，扎马纹丝不动，因为只有底盘稳，手法才有劲道。日本的一个学者曾研究过北腿，他认为北方土多山多，北方人陆路多，水路少，战争的时候，北方的骑兵需要用腿来掌握马匹前进的方向，于是腿部便慢慢地有力量了，久而久之便产生了腿法。在北方的所有拳法当中腿法居多，唯有八极拳不讲腿法，北方八极拳是很有名的一个拳种，讲究起腿半边空，与南拳的扎马有相似之处，这是北方拳里比较特殊的拳种。八极拳在理论上不多用腿，更不用高腿，所以八极拳中用腿都是踢腿的腿、踢裆的腿，没有踢腰以上的腿。南拳北腿由于地域不同，练法也不尽相同。南方人认为北腿没有发挥双手的作用，北方人认为南拳没有充分利用腿的优势，其实这些都是没有深入了解南拳北腿才产生的片面理解。

武术包含内容众多，这也是我们称之为博大精深的重要原因，但由此也产生了武术界的混乱。曾经有很多人向我提出疑问，我大体归纳了一下，对武术不正确的看法主要有三个方面。首先是关于概念的疑问，即概念不清，很多人认为武术就是太极拳或者八极拳，这种概念的混淆影响了武术的价值和发展。我说一件最近发生的事：在武术学院组织的基本功比赛上，有一位学生的选题是“散打不是武术”，他是以批判的态度来看待这种观点的。他说自己是在某个杂志上看到了一篇文章《散打不是武术》，文章给出的理由是散打里没有弓、马、仆、虚、歇这几个步型，这篇文章的作者有可能是个小朋友，也有可能是个武术爱好者，也有可能是个初学者，他对概念不清楚，他认为武术讲究步型，但是散打没有。所以说，作者的选题很好，在文章中他提出了质疑。但是，他把两个概念混淆了，武术确实不是散打，散打也不是武术，而是武术的一部分。我想说的是杂志社的编辑可能不了解武术，才会把不符合逻辑的文章发表出来，这就给我们造成了被动，混淆大家对武术的认知。其次还有社会的偏见，认为习武之人四肢发达，头脑简单。很多人认为武术不如跆拳道，实则不然。在韩国，跆拳道与我国的武术有相同之处，跆拳道也有不同的种类、门派和风格特点，我们应该辩证地看待跆拳道和武术。再次就是行内混乱，如门派之见，互相攻击。这三个方面的片面理解在无形中给武术造成了一定的束缚，阻碍了武术的发展。

中间穿插一个故事，给大家讲一下我记忆中武术发展历史的部分内容，就说一说中华人民共和国成立之后全国掀起的多次武术热潮吧。20 世纪 60 年代时，我的一个邻居在天津银行里工作，每次放假回来便带回很多杂志，杂志中有很多武术比赛照片，这是我看到的第一次武术热。我们国家分别在 1953 年和 1957 年举行过两次民族形式体育大会，以这种形式搞比赛带动了武术热，比赛内容包括武术、踢毽子、举棍子、玩哑铃等。那个时候的武术热主要是民族形式表演大会，它是全国总动员。根据相关材料记载，那个时代的大会不按照各省队分组，而是按区组队，这种方式由区扩散到省，由省扩散到地区、县，再由县扩散到公社（乡镇），然后到村。所以，一场国家的赛事需要两年的时间来组队，村里比完到乡镇比、到县里比、到省里比，按照这种方式逐级选拔，省里比赛结束后与其他省比赛入选区队比，比如华北区队等。所以说，以前没有省队和体校，所有的运动员都是从群众中一波一波选拔出来的，相当于现在的全民健身，但是现在校队、市队、省队都有了，也就不用选拔了。1953 年到 1957 年的习武热带动了武术画报热，当时到处都刊登小孩子们练武术的照片和图片。到了 20 世纪 80 年代就开始大讨论，很多有关武术的文章公开地在报纸上发表，这便是我记忆中武术发展的一部分，其实当时我也写过一篇叫《苦练三年不如名师一点》的文章。

接着说上面的话题，关于武术的这几点疑问我们能不能找到一个大家都认可的看法呢？我觉得能，刚才看到的那个外场采访就挺好的，也很有代表性，但是我们的核心内容却没有说出来。武术首先是我们的民族文化，我认为武术绝对不是一个先体育后文化的问题，而是一个先文化后体育的问题。其次武术具有体育这种性质，能够让中华儿女世世代代来享受。那来享受什么呢？大的说保家卫国，小的说强身健体、益寿延年。大的方面，保家卫国不是空话，民族文化也不是空话。我们可以假设一下，如果战争来了，国家一声令下，征兵，上战场，当与敌人面对面的时候，练武的士兵更具有杀伤力。民国时期曾提出武术强国，让子孙后代都要强壮的口号。小的方面，由于我练武术了，身体变强壮了，生活的质量也有了保障。

关于修身养性，武术增强了我们的毅力，提高了我们的个人品质，比如通过练武，我们变得更自信，大的说勤劳、勇敢、智慧，这三样你都可以通过练武得到。比如，有了武艺之后，有了身体的物质基础之后，就会勇敢，这个我觉得是心理和生理的关系，用武术的话讲，这叫“艺高人胆大”，练武会让你心理强大。修身养性，养什么性？如果上街遇到歹徒，你怎么办？这时就需要有正义感，这种正义就是你的精神。

还有一个问题我觉得可以和大家交流：武术是什么。它有一个特点是实践性特别强，现在社会好了，人民富裕了，可以通过体育的手段来提高人们的生活质量，间接地去创造财富。专业武术工作者的数量也比以前多了，体育的地位上去了，武术的地位上去了，武术工作者一部分从事业务工作，也有一部分从事管理工作。但是不论做什么工作，都是帮助更多的人用武术来强身健体，用武术间接地为社会服务。说到这，也许你们会问我：“王老师，你怎么看？”从我个人经历来讲，不能片面地、唯心地看待问题，片面地、局部地、带着个人喜好地看待问题，这会给我们的武术带来很大的麻烦，为武术发展带来很多障碍。

武术进奥运也有这个问题，但毋庸置疑的是如果不喜欢武术，习练武术的人数上不去，进奥运也就无从谈起。奥运会的问题也是个现实的问题，很多人认为奥运会有了武术比赛就说明武术是好的，没有就说明武术有问题，甚至有些人一直持有武术和奥运相对立的态度。但是，我们应该怎么看？我想，他们看问题的角度没有转过来。我们可以换个角度看，武术是个大家庭，武术进奥运会，可以根据武术的范畴和世界人民的喜好而对武术进行改变，从而让武术作为奥运会比赛项目，其实改变不是特别难。但错误的是，在他们心中只有奥运会才能将武术推向世界，让世界了解武术，我认为这些想法都是片面的，因为当今社会很难找到一个能完完全全地反映武术文化层面的平台。前两天一个学生给我推荐一本书叫《逝去的武林》。一看这个题目，我就能推断这本书讲的是什么内容，作者是什么样的人，他应该对武术里的一个门派有着很深的了解，他认为武术没了，武林没了。现在的武术比赛很多，但是他意识里的武术没有了。这本书我回去会好好读，读完再说。

习总书记最近的讲话有中华民族的伟大复兴、中国梦、空谈误国、实干兴邦等内容，旗帜太鲜明了。我们民族的伟大复兴，复兴什么？经济不能松，精神更不能松。精神在哪里？在文化中。武术的振兴是武术文化的振兴，武术文化的振兴是中华民族振兴的一部分。武术在国际上被认为是中华民族文化的一朵奇葩。确实如此，武术属于文化中不可或缺的一部分，文化难免会有起伏，武术是民族文化的一个符号，武术热的时候会闪到水平线以上，不热的时候就到了水平线以下。冷落了没关系，我们这个年龄的人可能都赶不上武术濒危的时候，只要有人练，就不会消失。我觉得这个是我们的自信，文化不会消沉掉，只是一个阶段热，一个阶段不热。无论练不练武术，人们都会对武术有好感，这就是流淌在血液中的东西。

今天我列了三个话题：一个是怎么看，一个是怎么练，一个是怎么研究探索。由于时间关系，我们今天先探讨前两个问题，现在我们看一下怎么练武术。怎么练？我觉得要终身地练，科学地练，这就是武术，两条少了哪一条都不能达到武术中比较高的认识和境界。首先是终身地练，虽然我们选择了武术这一行，但是我反对所有练武术的人都以武术为职业。这是社会不认可的，因为武术是间接地为人民服务、为国家社会建设服务的，如果大家都在练武术，那么就没有人从事其他职业了，所以说业余的越多越好，因此终身地练也就是业余地练。再说科学地练，我们练武是为了健康，为了延年益寿，但如果练过了、练多了，会导致很多心理和生理上的问题，那武术就会起到反作用，就不是科学的武术了。我认为科学地练分不同阶段：少年为训练，训练肢体语言；成年为锻炼，要对其进行指导和教育；中年为修炼，是用于提升境界；老年为修养，即修身养性。我们在每个阶段体会出每个高度就够了。《逝去的武林》就是这样写的，“老者用武悟道”，要通过武术的哲理和道理来解释其他的一些事物，这就是我们练武的优点，也是传统文化体现之处。用自己的文化判断其他的事物，达到天地人三合，我觉得这是练武人的必由之路，这也是终身地练。

最后我想在这里强调一下第一个话题。我们看武术应该全面地看、立体地看，武术就是一个庞大的整体，把武术视为一个球体，而不是平面，由此我们便会体会出其核心的内涵，体会到精神层次的内容。

在此，我想说一句话：“大千世界孰能全知，知之一二已是七老八十，只若黄牛，耕犁不辍。”我觉得练武的人就应该有这样的态度，武术是谁练谁享受，不论练多少，都会起到强身健体的作用。盲人摸象的故事大家都非常熟悉，它给我们带来的启迪是不能片面地看问题，要整体地看问题，这也是我们需要思考的核心，也是为我们武术正名的核心，不能因为各行各业的眼光不同就片面化地看待武术。

武术研究方法的探讨

主讲：王华锋　整理：吴鲁良

各位老师、同学，欢迎来到武学讲坛。首先，咱们回顾上一期所讲的内容。上一期我们主要针对如何看待武术和如何练武术进行了集中讨论，由于时间原因，主要是针对研究生团队所拍摄制作的一些内容进行了展示，而这一讲我们将针对武术的研究方法进行讲解。在上一期中，关于怎么看武术，我提出要哲学地、客观地、立体地看武术。关于怎么样练武术，我提出要终身地、科学地习练武术。这一讲我将具体讲解如何科学地研究武术，从而实现和上一讲内容的衔接。

大家都知道，武术是我们中华民族的瑰宝，是强种、强族的文化。然而，要实现这些目标仅仅通过单纯的武术动作是远远不够的，还需要通过武术文化精神的培植才能实现。国家要强大起来，首先人们的身体要强壮起来。在现实生活中，人们能够以强壮的身体保家卫国，以健康的身体兢兢业业地投入工作，进而实现人们心灵、精神、智慧的强大。因此，我们可以说武术涵盖着中华民族的优良传统，是先人留给我们世世代代延续的文化。

这一讲我们主要讨论如何科学地研究武术问题。首先我要声明，这个话题我也没有标准的答案，但是我认为这是武术学科中值得思考的问题，也是研究武术和科学发展武术不可回避的问题。在我们周围有许多本科生、研究生、武术老师都在研究武术，领导们也为了武术更好地发展而研究武术，但在此我可以明确地提出，武术是我们的文化，以现代科学为指导来研究我们的民族传统文化，进而从中发现武术文化中有哪些地方适合当今和哪些地方已经过时是十分必要的。我希望通过这次讲座达到抛砖引玉的效果。

这里首先就涉及武术与健康的问题。健康调查数据显示，在我国健康人群占总人数的比例为20%，亚健康人群占60%，病患者占20%，残疾人群为8296万。当然，如果调查体育大学，结果可能会不一样，毕竟体育人经常参加身体锻炼，拥有强健的筋骨。说到这里，我联想起鸦片战争前夕林则徐虎门销烟。那一时期，民族危亡，积贫积弱。虽然我没有做过民族国民体质监测之类的国际性调查，我也不知道当时的数据是什么样子的，但是从平时的了解和观察来看，我认为当下的国民健康水平肯定也不会好到哪里去。说到这里，我们武术工作者，不应该思考吗？我们武术的宣传工作、研究工作，没有引起人们的注意，这不是我们的责任吗？

同时，我又联想到了当前我们国家的国民教育、饮食教育、娱乐教育、思想教育等问题。就拿餐饮来说，改革开放后西方餐饮迅速占领中国，很快就博得了青少年的青睐。而在十年之前，我就在一个电视台节目上看到一个饮食专家发现了麦当劳、肯德基等食品存在健康隐患。在这场节目中，那位饮食专家一直表现出很无奈的态度，因为他眼瞅着祖国的年轻一代向“垃圾食品”靠拢，而这些食品并不完全适合本民族。同时一些青少年痴迷于网络游戏的现象，也值得我们反省。同学们可能说这些与武术无关，但我现在想大声地说，这也与我们武术研究者有莫大的关系。因为我们本民族的优秀传统文化没能够深入人心，而一些外来的腐朽文化却在人们内心扎根，其情形与当年林则徐禁烟之时，外国人向中国输入大烟让中国人抽上瘾，在榨取我们财力的同时，又摧残国民的身体又有何不同？如今青少年沉迷于网络游戏的危害，不夸张地说，不亚于抽大烟。抽大烟可能在短时间能让人枯瘦如柴、手无缚鸡之力，而网络毒害却更加隐蔽且周期更长一些。我说这些旨在说明我们的一些优秀文化没有得到充分利用的同时，一些不利于健康的文化正在施虐，这实在让人痛心。

下面我举几个习武之人的例子，他们可以说是健康长寿的人物代表。首先向大家介绍 119 岁的吕紫剑先生。他从 7 岁习武，年龄几乎达到了人类生命的极限，看他习武的精气神，谁敢不承认武术好呢？

还有一位是我们所熟知的张文广先生，生前是武术泰斗，2010 年逝世，高寿 95 岁。他生前经常教导我们活到老练到老。我认为按照张老师的性格及其修行，年龄百岁有余应该没有问题，在他去世那一年的春节，我见到张老师，气色非常好，说话很清楚，根本看不出来当年就去世的迹象。张先生去世比我预期的要早，其中一个原因就是膝关节的骨刺，他过早坐上轮椅，导致行动不便，再加上住楼房，不能够接触大自然，不然张老师将更加长寿。这是我对张先生去世原因的个人认识。

另外一位是万籁声先生。他自幼习武，身体特别健壮，看他身体外形与不习武的人形成鲜明对比，表现出特有的精气神，这只有长年习武不辍，冬练三九、夏练三伏才能得来。俗话说：“炼精化气，炼气还神。”精气神是非习武之人难得的。

吴图南先生是著名的吴氏太极拳传人，终身习练吴氏太极拳，他活到了 105 岁，文武双全。

下面我要说的这位是仍然健在的周永福先生，今年 99 岁。据李印东老师介绍，20 世纪 90 年代，老先生已经 80 多岁，到山东师范大学找他哥哥，在校园马路上骑自行车拐弯都可以不下车。99 岁的老先生如今仍然能够健步如飞，山东武术的很多名人如于海、于承惠等武术大家都是他的弟子。老先生不愧为山东好汉。

关于这些武术大家长寿的秘诀，我认为有一些共性，那就是从小练武，坚持练武，太极、形意、八卦什么都练过，且懂中医，甚至行医，生活有规律而且简单，比较爱好书法艺术。

下一个我想谈的是李小龙，他在武术的对外推广上做出了重要贡献，让武术在国外名气大振，而谈到健康问题我就不想表扬他了。我们武术讲究阴阳平衡，文为阴，武为阳，文武平衡，而李小龙让自己承受了太大的强度，尤其是通过电刺激对肌肉神经进行深层次激发，没有让阴阳得到平衡，这对健康有着不良影响。同时，现代竞技体育，追求更快、更高、更强，如果从武学角度思考，我并不是特别的赞同。

下面我讨论一下武术研究的指导思想。关于武术研究的指导思想，可能我们已经习惯了按照学校的格式和要求去“老老实实”地做一个毕业论文，甚至论文的研究方法都已经设计好了。我们应该好好思考，这些研究方法对武术是否合适？哪些更合适？这是我们研究生应该好好思考的问题，也就是说是否任何研究方法放在武术上都合适？我们现在已经习惯了这种思维方式，而这种指导理念无形中也局限了武术学科的研究。虽然在此我也没有明确的答案，但是我认为这是一个亟待思考的问题。我不是一个狭隘的民族主义者，我们需要汲取各方观点，我思考的是如何汲取。我们国家是东方哲学的老祖宗。有一个外国人喜欢咱们国家的哲学，他深入地研究过老子，说道：“道家是哲学的根本，没有道家的思想，就没有后来的东方哲学。”同时毛主席所倡导的实践论，对武术发展也有着重要的指导作用，从实践到认识，再从认识到实践一步步发展。武术是我们国家的瑰宝，同时也离不开这些思想的指导，离开了这些，单纯地去评价武术的一部分，只会为武术的发展带来混乱。

在怎么研究武术的问题上，我也发表了一些看法，作为武术圈内人士，我们应该更有深度地评价武术，而不是想说什么就说什么。下面我说一下武术的定量和定性问题。我们现在主要发展的是竞技武术，而这些更多的是用西方的科学评价标准，这不能单纯地说可以与否，但这只能针对竞技武术，而不适用于全部的武术，我们现在的竞技比赛，有了明确的评价标准，而这与我们传统哲学的整体思想相违背。比如，我们拿一个人的胳膊来评价，再拿一条腿来评价，再把这些指标加起来去评价一个人，这表面上看似乎没有什么破绽，其实却忽略了胳膊与腿是否相称这一重要的因素，违背了传统思想的整体观原则。我们把武术定量化，这势必会导致无法客观地评价武术，会带来一些问题，给依照套路裁判的执裁带来很多麻烦，而用这种思维模式去评价武术对武术发展带来的麻烦会更多。比如，咱们刚才所介绍的几位老武术家，如果用一些条条框框的东西去评价他们的武术技艺那就出问题了。假如大面积地发展武术健身运动，也不能完全以定量的标准去评价，这会对武术的派别发展产生不好的影响。说到这里，我认为，我们可以借鉴中国戏剧和中医的评价方法，因为它们和武术是同源之水。戏剧的评价主要针对嗓音、做派、表现等做出综合评价，更多地针对的是整体，中医的治疗方法也不是头痛医头脚痛医脚，而是针对身体综合表现。这些指导思想都是我们武术要辩证汲取的，而不是完全抛弃中国传统文化的指导思想，持有浮躁的心态发展武术，看待武术，我们应该整体把握武术的发展，把握住武术的命脉。

假如指导武术发展的思想不正确，长此以往也会对传统文化起到消极的作用。因此，我们需要培养一种文化自觉，而不是文化的自由。我给大家举一个例子。一批长期居住在比利时的中国人，这些人的孩子从小在比利时长大，他们的言谈举止已经没有一点中国文化的迹象，这些人的父母就感觉到了一种悲哀，虽然生活在一起，他们却感觉到了一种隔阂。这其实是孩子们心里对本民族文化感觉到很陌生，而当时出国之时却没有考虑过这些。为此他们办了一所学校，专门传授中国文化，这是为了中国文化可以继续向下传承，不能让自己的孩子与本民族的文化脱离。在这里我再举一个例子。我们国家是一个多民族的国家，其中不同民族有不同的风俗，但是如果提倡文化的自由，而丢弃了文化自觉，丢弃了自身民族文化的符号，言谈举止和外国人一样，说严重些，我们的国家和民族长此以往也会消失，被其他民族所同化。再比如一些网络游戏，如果我们太自由，沉迷于

网络游戏，势必导致青年人的堕落。有一次我跟一个外国留学生交流，他就提到在他们国家只有下三流的人，才会沉迷于网络游戏，这也值得我们的国民教育去反省。这对我们武术的发展也起到重要的借鉴作用，对武术的发展不进行约束，忘掉本民族的东西，用别的民族的东西包装武术是不对的。因此，在以后我们传授武术过程中要尤为注意，应该坚持武术的文化自觉和自信，而不是一味地强调速成。

“十年树木，百年树人”，习武人应该用在现实生活中一点点的积累来提高武术技艺，踏踏实实地研究武术，让更多的人享受武术带来的益处。“只要功夫深，铁杵磨成针”这一寓言是说诗人李白在没有进取心之时，看到一个老太太准备用一根铁杵磨成针这个事情后深受启发，他感悟的教育意义是：凡事要下功夫。锻炼要锲而不舍，自强不息，厚德载物，不轻易放弃。讲座临近结束，我送大家一句话：“武从疑处始得悟，术到精时自有神。”如果不拿“铁杵磨成针”的精神来习练武术，遇到困难不去勇敢克服，轻易放弃，不能够深入地思考问题，就会“习武一生未得悟，技术到老也不精”。希望我的讲座能对诸位有所启发，谢谢大家。

中国武术国际化传播与发展的思考

主讲：弓万民　整理：毛圣力

弓万民，字云武，号武功山人，武术教授，1952年12月17日出生，陕西省武功县弓家村人，出身武术世家，自幼习文练武，擅长少林长拳、红拳、查拳、太极拳、形意拳、八卦掌、通背拳、八极拳、翻子拳，以及刀术、枪术、棍术、剑术、九节鞭、绳标等。弓万民1976年毕业于北京体育大学武术学院，曾从师张文广教授、门惠丰教授和阚桂香教授，曾任北京体育大学武术专业教师、中国东方文化研究会及武术文化分会理事、国际八卦掌联谊会干事长，国家级武术裁判，中国武术八段。他曾担任国际国内重大武术比赛裁判长，曾应邀赴日本、美国、韩国、俄罗斯、意大利、德国、法国、瑞士、挪威、丹麦、瑞典、西班牙、匈牙利、奥地利、澳大利亚、巴基斯坦等国家及我国台湾、香港等地区执教讲学，为中国武术的广泛传播与发展做出了贡献。

“中国武术国际化传播与发展的思考”这个题目有点大，但是作为一种思考，我本人有一些想法，提出来和大家做一下交流。

中国武术的国际化传播经历了三个阶段。

第一个阶段是中国武术走向国际。从唐代开始，中国武术便开始走向国际。唐朝时期，有位鉴真大师，他实际是一个佛教徒，但他把中国武术带到了日本。有人考证他所传的是少林拳。少林拳是中国武术的一大流派，包含踢、打、摔、拿，而鉴真在传播佛法的同时，也传授了少林拳踢、打、摔、拿中的“摔”和“拿”，后来发展成了柔术，经过嘉纳治五郎的改造后形成了现代柔道。现在，柔道、空手道、相扑、剑道、合气道是日本的五大国技。所以说，虽然嘉纳治五郎号称柔道之父，但是柔道之祖应该是鉴真大师。

第二个阶段是明清时期。我们知道明清时期是中国武术的大发展时期，现在的武术拳种，大部分都是明代以后形成的。例如太极拳，有人认为是张三丰创拳，但现在的考证是陈家沟的陈王廷所创，陈王廷是明末清初人。这个大发展时期和什么有关系呢？第一是中国传统文化的继承性；第二是明代中国的大移民政策，其影响范围是相当广泛的。北方最有名的槐树是山西洪洞大槐树，陈家沟的陈卜便是从山西迁过去的，大移民把文化、技艺都带了出去。这些文化和技艺在艰苦的地方生存，有自强不息的发展过程。移民不只在北方，南方也有移民。在广东福建，人们移民到国外，把技艺也带到了国外。很多人在国外为了生存打拳卖艺，或者开武馆。这是第二个阶段，武术在国内外得到了传播。

第三个阶段是中华人民共和国成立以后，中华人民共和国的成立给武术带来了春天，特别是在改革开放以后，武术迎来了进一步向外国传播的机会。在中华人民共和国成立以前，官方的传播几乎没有，即便是民国时期的传播，它的途径有官方和民间的行为，但以民间为主。1936年德国柏林奥运会，中国派了体育代表团参加，其中就有武术代表团。虽然这届奥运会，中国体育代表团未获得任何成绩，但武术却在欧洲引起了轰动，这是中国武术的荣耀，也给武术界华人华侨带来了一丝希望。从那以后武术代表团就经常出国，特别是中华人民共和国成立以后，例如张文广老师，不仅参加了柏林奥运会，还在东南亚进行了巡演。此外，民国时期的中央国术馆、精武体育会，都为武术的传播做出了贡献。

这都是中国武术向外的传播，其途径有官方的也有民间的，这里简单介绍了一下这三个阶段。可以说，中国武术在国外的传播与发展是方兴未艾，欣欣向荣，一浪高过一浪，成绩巨大，因而这个历史过程也是一个重要的研究课题。

下面对武术国际化传播与发展的具体实例进行介绍。我常年在外传授武术，最大的感受是外国人对武术情有独钟，武术在国外的市场很大，但是现在存在的问题也不少。因为时间有限，我仅以孔子学院为例。

2004 年第一所孔子学院在韩国开设，通过 7 年的发展，在国家汉办的大力推动下，孔子学院在国外的发展势头愈加猛烈。第七届孔子学院大会的统计材料显示：现在有 110 多个国家共建立了 400 多所孔子学院、600 多个孔子课堂。孔子学院的规划是在一定时间内达到 500 所。孔子学院的办学模式是由国家汉办出钱，国内大学出师资，例如卑尔根孔子学院就是由北京体育大学、卑尔根大学和商会共同支撑起的，共有 11 位老师。此外，北京体育大学每年都会选拔志愿者进行教学，而老师则是两年一个任期，我本人现在是第二个任期。孔子学院的发展势头是很好的。孔子学院的主要教学任务是汉语，但同时推广中国文化。国务委员刘延东在孔子学院大会上说过，每个孔子学院都要配备武术老师，目前很多孔子学院都已经有武术老师了。

北欧五国消费水平非常高，人口少，气候好。我们做了统计，挪威共有 20 多个武术俱乐部，都是华人开的，且是民间的行为。在北欧有很多东方体育俱乐部，例如瑜伽俱乐部、空手道俱乐部等，而中国武术的影响是比较小的。我的想法是把民间的中国武术俱乐部联合起来，通过北京体育大学的和孔子学院的平台，在欧洲传播发展武术。

我还想谈一下武术入奥的问题。武术是要进入奥运会，但武术入奥不是国际推广的唯一的途径。武术入奥的障碍是内容太多了，此外还有竞技套路、传统套路、散打的分类。中国武术入奥对武术发展的作用应该是巨大的，但是困难却是重重的。实际上，武术入奥的关键在于项目的设置，我认为武术入奥的项目一定要是竞赛套路。关于散打，这两年的发展也非常好。1979 年，散打在北京体育大学试点，从前些年的散打王比赛来看，散打的发展势头很好。值得注意的是，国外出现了散手道，太极也出现了变化，我认为这是好现象，因为它适应了当地人的需要。

竞技武术和传统武术是相辅相成的，要互相支持而不能脱节，这样才能把武

术做好，但还需要深入的研究。例如项目设置的问题，对武术的定位是竞技项目，还是传统项目。而孔子学院的现实问题是学员对竞技武术不感兴趣，对猴拳等传统武术感兴趣，所以对传统和竞技不能有所偏颇。

武术的推广国外国内要结合起来，要同步发展，但现状是世锦赛、亚运会、全运会都没有衔接起来，武术竞赛规则也没有衔接起来，也不符合奥运会的理念。2003 年进行了武术竞赛规则改革，加上了难度动作，这个难度问题从 20 世纪 70 年代就开始争论。所以武术需要改革和整合以适应不同的需要，这里面的观念问题、体制问题、师资问题、教材问题等都需要研究。例如康戈武在国内推广的段位制，这个就可以和武术运动管理中心联合起来，因为我们不搞，外国人就要自己做。目前我也得到了授权，可以全权负责初段位。这些都是在推广中亟须解决的。虽然有很多研究，但是真正的推广并没有落到实处。我们看到的是派出了各种表演团，表面上轰轰烈烈，实际上一盘散沙，没有主线和主干，我们教什么、推广什么，外国人学什么，这些都是向外推广的过程需要认真落实的问题。这些问题能解决吗？解决的办法肯定有，因为武术界人才济济，人员也比较集中，但缺乏上下沟通。此外，武术界最大的问题是门派之争严重，互相拆台。

以上我从武术的传播历史、孔子学院和武术入奥几方面对武术的推广和传播进行了简单的思考，希望能给大家带来收获，谢谢大家！

武士孔子——为你解读至圣先师鲜为人知的武术世界

主讲：李印东　整理：王贵贤

说到孔子，大家应该都不会陌生。孔子（公元前551年9月28日—公元前479年4月11日），名丘，字仲尼，鲁国陬邑（今中国山东省曲阜市南辛镇）人。人们都知道孔子颇有文采，但很多人不了解孔子还有“武”的一面。今天我通过解读武士孔子，让大家了解一下至圣先师鲜为人知的武术世界。

首先来看一篇新闻报道——《濮存昕评价当前“国学热”痛批胡玫版〈孔子〉》。

濮存昕，相信大家都知道，是北京人民艺术剧院副院长、艾滋病宣传大使。由胡玫导演开机的，堪称 2009 年第一部国产大片的《孔子》，谁来演孔子的这一话题曾一直受人关注，最终敲定周润发。对孔子有研究的濮存昕非常坦白地表示，自己曾经谢绝出演这一角色。谈及原因，他直言不讳地说："我觉得剧本写得不够好。"他坦言，目前的"国学热"被蒙上了市场化、娱乐化、搞笑化的阴影。谈到孔子会武功，濮存昕很气愤："如果把孔子搞成会武功的话，我觉得对于恶搞的人，大家应该群起而攻之。"言下之意就是说胡玫乱搞，孔子是不会武功的。其实不然，孔子不仅会武功，而且武功很好。在一代国学大师梁启超为唤醒国人孱弱而麻木的神经所著的《中国之武士道》之中，将孔子习武之能事公布于天下，并认为孔子是中华民族史上的第一武士。

现在看来大家对于孔子到底是否真的会武功存在着很多的疑问，今天我就和大家一起来了解一下真正的孔子。

一、孔子的出身

首先还是先细说一下孔子的出身，因为这对于我们理解孔武士很有帮助。孔子祖上为宋国贵族。孔子为中国春秋末期的思想家和教育家，儒家思想的创始人。孔子集华夏上古文化之大成，在世时已被誉为"天纵之圣""天之木铎"，是当时社会上最博学者之一，并且被后世统治者尊为"孔圣人""至圣""至圣先师""万世师表"。孔子的儒家思想不仅对中国有着深远的影响，而且对朝鲜半岛、日本、越南等地区也产生了深刻的影响，这些地区也被统称为"儒家文化圈"。

孔子的祖先是商朝的宗室，到周朝时被封于宋国(今河南商丘)，故孔子可以说是殷商(华夏族)的贵族后裔。三监之乱后，周公以周成王之命封商纣王的庶兄——商朝忠正的名臣微子启于宋国，微子启死后葬于宋国故地（今商丘市睢阳区），建有微子祠。微子启死后，其弟微仲（孔子的先祖）即位，后移居鲁国。但有关孔子祖上如何来到鲁国说法不一：其一，自孔子的六世祖孔父嘉之后，后代子孙开始以孔为氏，因为家道破败，无力偿还所欠债务，被逼逃至鲁国；其二，是因为其曾祖父孔防叔与宋国当政大臣华氏不和，离开宋国，移居鲁国。

孔子的父亲叔梁纥（叔梁为字，纥为名）是鲁国出名的勇士，身高九尺有余，臂大腰圆，十分魁伟健壮，武功当世无双。当年逼阳之战，鲁军刚进去一半，悬门突然掉下，多亏叔梁纥大夫反应迅速，将悬门抵住，直到鲁军完全撤退，方才放下悬门，此事震惊各诸侯国。叔梁纥先娶施氏曜英，生九女而无一子，其妾生一子孟皮（嫡长子排行称伯，庶出长子排行称孟），但有足疾。在当时的情况下，女子和残疾的儿子都不宜继嗣。叔梁纥晚年又在外纳颜氏第三女征在为妻，生孔子，因出生之前曾在尼丘祈祷，故起名为丘，排行第二，故字曰仲尼。孔子 3 岁的时候，叔梁纥病逝。叔梁纥死后，施氏和叔梁纥的家人不喜欢孔子母子，没有善待他们。颜氏唯有带着孔子离开，移居曲阜阙里，独自抚养孔子，过着清贫的生活。到了孔子 17 岁时，他的母亲也去世了。

二、孔子的从政简历

孔子幼年时极为聪明好学，20 岁的时候，学识就已经非常渊博，当时人称赞他“博学好礼”。同时，鲜为人知的是，孔子也继承了父亲叔梁纥的英勇，且身高九尺六寸。孔子自 20 岁起，就想走上仕途，所以对天下大事非常关注，经常思考如何治理国家的诸多问题，也常发表一些见解，到 30 岁时，已有些名气。鲁昭公二十年，齐景公出访鲁国时召见了孔子，与他讨论秦穆公称霸的问题，孔子由此结识了齐景公。

鲁昭公二十五年，鲁国发生内乱，鲁昭公被迫逃往齐国，孔子也离开鲁国，到了齐国。鲁昭公二十七年，齐国的大夫想加害孔子，孔子听说后向齐景公求救，齐景公说：“吾老矣，弗能用也。”孔子只好仓皇逃回鲁国。当时的鲁国，政权实际掌握在大夫的家臣手中，被称为“陪臣执国政”。因此，孔子虽有过两次从政机会，但都放弃了，直到鲁定公九年才被任命为中都宰，此时孔子已 51 岁了。孔子治理中都（今汶上县）一年，卓有政绩，被升为小司空，不久又升为大司寇，摄相事，鲁国大治。

鲁定公十二年，孔子为削弱三桓（季孙氏、叔孙氏、孟孙氏三家世卿，因为是鲁桓公的三个儿子的后代，故称三桓，当时的鲁国政权实际掌握在他们手中，而三桓的一些家臣又在不同程度上控制着三桓），采取了隳三都的措施（即拆毁三桓所建城堡，剥夺皇亲国戚的权利）。后来隳三都的行动半途而废，孔子与三桓的矛盾也随之暴露。鲁定公十三年，齐国送 80 名美女到鲁国，季孙氏接受了女乐，君臣迷恋歌舞，多日不理朝政，孔子非常失望，这说明孔子是一个刚健有为的人。不久鲁国举行郊祭，祭祀后按惯例送祭肉给大夫们时却没有送给孔子，孔子知道季孙氏不想再任用他了。在不得已的情况下他离开鲁国，到他国去寻找出路，开始了周游列国的旅程。这一年，孔子 55 岁。在古代，50 岁就算得上老人了。这位老者说是周游列国，实际上是辛酸地逃离了鲁国，背井离乡。

孔子带弟子先到了卫国，卫灵公开始非常尊重孔子，按照鲁国的俸禄标准发给孔子俸粟 6 万，但并没给他什么官职，也没让他参与政事。孔子在卫国住了约 10 个月，因有人在卫灵公面前进谗言，卫灵公对孔子起了疑心，派人公开监视孔子的行动，于是孔子带弟子离开卫国，打算去陈国。路过匡城时，孔子因误会被人围困了 5 日，逃离匡城，到了蒲地，又碰上卫国贵族公叔氏发动叛乱，再次被围。逃脱后，孔子又返回了卫国，卫灵公听说孔子师徒从蒲地返回，非常高兴，亲自出城迎接。可以看出卫灵公是一个非常善变的人，想重用孔子又起疑心。此后孔子几次离开卫国，又几次回到卫国，一方面是由于卫灵公对孔子时好时坏，另一方面是孔子在离开卫国后，没有去处，只好又返回。在周游列国时，孔子的弟子越来越少，有的觉得跟着他没出息，有的身体不好早早离开人世。

鲁哀公二年（孔子 59 岁），孔子离开卫国，经曹、宋、郑至陈国时，陈国派服劳役的人将孔子师徒围困在半道。前不着村，后不着店，所带粮食都吃完了，绝粮 7 日，他第一次感觉到生命受到威胁。最后还是子贡找到楚人，楚派兵迎孔子，孔子师徒才免于一死。孔子 64 岁时又回到卫国，因其弟子冉求仕途上发展得很好。68 岁时在弟子冉求的努力下，他被迎回鲁国，但仍是被敬而不用。鲁哀公十六年，孔子 73 岁，患病，不愈而亡。

孔子的从政经历是极其不顺的，漂泊流离，累累如丧家之犬。那么一个在仕途上一直都没有多少从政经历的人，后来又如何成为万世师表的呢？现在建立的“三孔”（孔府、孔庙、孔林）是全国乃至整个亚洲儒家文化圈的文化圣地，被联合国列入《世界遗产名录》，从皇家建地来说，也是仅次于故宫的建筑。孔子何以赢得这些赞誉和认可呢？这些值得大家思考。

三、孔子精通武艺

为什么世人会把孔子认为是手无缚鸡之力的文弱书生？中国文学从来不乏对书生形象的描摹，书生有的穿着长衫、穷酸潦倒，有的白净柔弱、文绉绉的。这种来源于现实的文学形象已经深入国人的骨髓，对于书生的鼻祖孔子，人们想当然地认为应该是手无缚鸡之力，走路一摇三颤弱不禁风的模样，而这和孔子的真实形象大相径庭。孔子习武说是祖传也不为过，因为孔子是殷商贵族后裔，其父叔梁纥是当时鲁国有名的武士。而且孔子处在武士向文士转化的阶段，当时是最早阶段，所有士基本都会武功。在当时战争是最常见的事情，在这种战争频繁的情况下，人人习武以自保，骑马打仗是最基本的生存技能，更是贵族子弟必需的技能。孔子作为贵族后裔，自然而然地习得武艺，这是不争的事实，而且我们知道孔子的教育理念是“六艺”，包括礼、乐、射、御、书、数六项。

孔子善射，《礼记·射义》记载“孔子射于矍相之圃（在今山东曲阜孔庙西侧），盖观者如堵墙”，即孔子在射箭的时候，观看者里三层外三层围起来，像墙一样。试想，如果一个射箭技术不高的人，会有人看他射箭吗？由此可见其射艺之精。至于孔子“御”的技艺，可能更优于射。因为《论语·子罕》记载了一则事例，达巷党人曰：“大哉孔子，博学而无所成名。”子闻之，与门弟子曰：“吾何执？执射乎？执御乎？吾执御矣。”即孔子听别人说他博学而缺乏足以成名的强项，便与弟子商议选一艺来展示专长。在射、御之中，孔子经权衡而选定“执御”，可见其驾驭战车的本领比射箭更强。古代战车左射箭，右持矛，中间驾车的负责方向，有着明确的分工，由此可见驾车的难度非常大。大家设想一下，一个九尺六寸的人驾着车，是多么的威武。

孔子不仅自身射艺精湛，而且他还将这些武功技艺传授给学生。《史记·孔子世家》记孔门“弟子盖三千焉，身通六艺者七十有二人”（孔子带弟子三千，七十二个著名的弟子都精通六艺）。又有史书记“冉有为季氏将师，与齐战于郎，克之”（冉有为季氏的将领，与齐国在于郎打了胜仗）。“季康子曰：‘子之于军旅，性之乎？学之乎？’冉有曰：‘学之于孔子。’”（季康子问冉有：“你军旅的本事是自己的本性呢，还是学的呢？”冉有说：“学于孔子”，言下之意是孔子传授的本领。）孔子不仅武艺不错，还是个酒量很大的人。《论语》记载，孔子“唯酒无量，不及乱”（孔子酒量大，但酒后不会絮絮叨叨地乱说）。东汉王充的《论衡》中说“文王饮酒千钟，孔子百觚”，晋代葛洪的《酒诫》中说“嗜酒无量，仲尼之能”，说明孔子的酒量超凡，喝不醉。而且孔子臂力过人，远非后世某些人认为的文弱书生的形象。孔子以勇武和酒量闻名，但孔子从不以勇武和酒量为豪。

四、习武使孔子勇且坚毅

我们知道习武能培养人的勇气、做事的恒心和毅力、不怕挫折积极向上的精神，这点在孔子一生都有所体现。我们看到我们所精读的或解读的一些论语思想，很少有人提到孔子勇的一面，提的更多的是孔子的仁、义、礼、智、信。但实际上孔子十分注重“勇”的品质，并对“勇”的品质进行深入的探讨。他认为“知、仁、勇三者，天下之达德也”，即智、仁、勇三者是天下的大德，是作为一个人所必须具备的品质，就像三足鼎立般，如果缺少一种品质就不能算是一个完整的人。因为“知者不惑”，智慧的人不会迷惑，会自己解决问题，不会被困扰；“仁者不忧”，仁慈的人他不会有所担忧，因为他会拿仁爱之心对待任何人，以德报怨，不会产生忧虑；“勇者不惧”，勇敢的人他是不害怕的，不会有任何事难倒他、吓倒他。他还认为“见义不为”，是“无勇也”，即见到义的东西不去作为，是没有勇气的表现；在对敌作战中，如果“战阵无勇”是“非孝也”，即在作战时没有勇气是不孝的表现；作为“仁者，必有勇；勇者，不必有仁”，即一个仁爱的人他必须要有勇气，这是前提条件，但是勇者不见得有仁。

孔子是这样认为的，也是这样做的。《史记》《左传》都记载了齐鲁“夹谷之会”。鲁定公十年，鲁国和齐国讲和，并约定在夏季会于夹谷，孔子将陪同鲁君前往。齐大夫对齐景公说，孔丘这个人虽然懂得礼法，但不够勇武，如果让我们莱地的士兵用武力劫持鲁侯，就一定能够控制鲁国。齐景公欣然同意。而在鲁国，孔子对鲁定公建议，有文事必有武备，有武事必有文备。可以看出孔子是出色的外交家。鲁定公采纳了孔子的建议，做好了以武力应对不测的准备。在夹谷之会上，果然不出所料。孔子一看事情不妙，便立即带着鲁定公退下，并对随行的士兵下达命令：“士兵之！”孔子提剑杀死了企图对鲁国国君动手的人。用今天的话说就是“操兵器，上!”孔子在这种情况下亲自冲上去，保卫在鲁定公身边，说明孔子的功夫不弱。在双方剑拔弩张、武力对峙之时，孔子慷慨陈词，申明大义：两君相会，本来是要建立友好关系，而今却动用武力，背弃礼法，君王肯定不能这样做。齐景公听了这番话，自知理亏，连忙下令来兵撤下。两国即将举行盟誓时，齐国人在盟书上加上了这样的话：一旦齐国军队出境作战，鲁国如果不派三百辆兵车跟随我们，就按此盟誓惩罚。孔子让兹作揖回答说：如果你们不归还我们汶水北岸的土地，却要让我们供给齐国的所需，也要按盟约惩罚。就这样，孔子没有费一兵一卒就让齐国向鲁国归还了郓邑、讙邑和龟阴邑的土地。孔子在被军事威胁的环境下的机智应答，显得他非常有勇气，很勇敢，做事果敢，寸步不让。

苏轼在《留侯论》中这样解释："匹夫见辱，拔剑而起，挺身而斗，此不足为勇也。天下有大勇者，卒然临之而不惊，无故加之而不怒。此所挟持者甚大，而其志甚远也。"匹夫之勇不算勇，真正的勇者在大的危难来临时仍然不惧不恐，而且能够自持，能够镇定自若。而梁启超说得更为明白："夫武士道，非臂力之谓也，心力之谓也。"他不是说臂力有多大，身体有多壮，而是心灵有多强大。孔子于仓猝间救国难，订盟之际力争国权，表现出临大难而不惧，颇具有圣人之勇。

处于战乱频繁的春秋时代，孔子深知文武兼备的重要性。他强调指出："有文事者，必有武备；有武事者，必有文备"。在充分认识"有武无文则蛮，有文无武则弱"的基础上，提出文武双修而不能偏废的主张。"勇而无礼则乱，直而无礼则绞""好勇疾贫，乱也""好勇不好学，其蔽也乱""君子义以为上。君子有勇而无义为乱，小人有勇而无义为盗"。这里孔子既认同了勇的价值，又用了另一层意思解读，勇是个好东西，但如果控制不好，缺乏其他的作为支撑，勇就会走向它的反面。

人在身体上的虚弱往往会减弱一个人精神上的气魄，而强健的体魄可以给人勇气和精神力量。毛泽东在青年时代，游长江，风雨无阻，并且在冬天的时候洗冷水浴。身体是精神的载体，没有好的身体，再伟大的精神也是无法支撑的。身体和精神是合二为一的，有了强健的身体作为支撑，人才有勇气，才有精神能量。习练与教授武艺使孔子拥有坚强精神和强健的体魄，这才成就了孔子 55 岁开始的 14 年周游列国的伟大壮举。孔子若是手无缚鸡之力、软弱无能的酸秀才，光是坐着木轮车，走在崎岖坑洼的山路上，不出一年也早散了架，更不用说在春秋时期那混战的年代，14 年游说于列国之间，颠沛流离，席不暇暖，累累如丧家之犬，甚至几次险些丧命。即便如此，孔子也没有知难而退，仍然乐观向上、精神不改。孔子用"知其不可为而为之"来比喻自己对理想信念的坚守和牺牲，这是怎样的一种气魄！和命运做斗争，明知道自己会失败，仍然坚守。难怪梁启超发出"天下之大勇孰有过于孔子"的感慨！

五、孔子有勇有武却不肯以力相闻

在春秋时代战乱频繁，习武是贵族必须接受的教育。当时武士的社会地位也是非常高的，作为武术先天条件颇好的孔子却不肯以力相闻，这又是为什么？这是一个历史的谜团，孔子完全可以靠他的武力、他的教授能力来生存。孔子却不想靠这种办法来生存，这是为什么呢？我想这主要与孔子的政治主张有关。孔子所在的春秋时期是由奴隶社会向封建社会的过渡时期，礼崩乐坏。孔子坚持自己的政治主张，实施“仁政”。他认为只有仁政才能维持社会的稳定，用仁、义、礼、智、信维护一个正常运转的社会体系。孔子的时代，各个诸侯彼此争斗，要让一个国家停下战争、扩张，然后休养生息，是做不到的。这也是孔子的观念在当时得不到认同的主要原因。大家也都知道很好，但这只是理想而已。上自天子，下至黎民，奔走纷纭，不遑启处，当真是乱世迹象。孔子目睹百姓深受战乱疾苦、生灵涂炭，深刻地认识到穷兵黩武而致武力泛滥所造成的危害。他与弟子曾经谈到，理想社会应当是“城郭不修，沟池不越，铸剑戟以为农器，放牛马于原薮，室家无离旷之思，千岁无战斗之患”。55 岁开始，孔子带诸弟子周游列国来宣扬其“仁政礼治”，力求实现其重建社会秩序的政治抱负。

孔子是反对战争的。《论语·季氏》中记载，孔子曾经非常严厉地批评了他的学生冉求和子路，认为他们没有尽职，不能劝阻季氏讨伐颛臾的举动，这件事明确地表达了他的反战思想。他说：“丘也闻有国有家者，不患寡而患不均，不患贫而患不安。盖均无贫，和无寡，安无倾。”最后他语重心长地说：“今由与求也，相夫子，远人不服而不能来也；邦分崩离析而不能守也；而谋动干戈于邦内。吾恐季孙之忧，不在颛臾，而在萧墙之内也。”即孔子批评他的学生：你们不去帮国君安定国家，而是帮他谋划怎么战争，你们这样不但得不到安宁，马上还要引起战乱。

孔子对用“武”始终是审慎的态度，《论语·述而》中说“子之所慎：斋，战，疾”，即孔子所担忧谨慎的是斋戒、战乱、疾病三者。他反对有勇无谋鲁莽行事，曾说“暴虎冯河，死而无悔者，吾不与也。必也临事而惧，好谋而成者也”（徒手和暴虎搏斗，看到河流以后不管三七二十一，拖着就走，死都不怕，我不愿与这样的人为伍。我喜欢做事小心谨慎，能够把事情做成的人）。孔子反对不义的战争，卫灵公曾问阵于孔子，得到的回答是说“军旅之事，未之学也”。

孔子艺高勇敢却反战，力大无比却不以力相闻。这种体现在2000多年前孔子身上的矛盾纠结映衬出孔子“君子不器”的雄才大略和文武兼备的卓越品质。孔子完全可以靠这个出名，可以生存得更好，能够得到更多人的尊重，但孔子却不愿去做，而且反对这样做，哪怕自己过着清贫的生活。他做事非常勇敢，不会因为一点小恩小惠做出让步，也不会在受到别人威胁的时候退缩，这反映出孔子武的精神。孔子做人以“武”为骨，所倡导的“文”充满光明磊落、积极进取和正义的力量。

儒家思想把孔子孔武有力的一面过滤掉了，这个过滤不是有意的，也不是无意的，而是政治选择的需要。汉武帝时期，董仲舒提出“罢黜百家，独尊儒术”时的儒术已非春秋战国时期儒家思想的原貌。到后来的三纲五常，维护了封建统治秩序，神化了专制王权，变成了束缚中国人思想的工具，已不是孔子的本意。

我们的文化何以自觉

主讲：吕韶钧　整理：罗张敏

吕韶钧，教授，博士生导师，武术八段，现任北京师范大学武术与民族传统教育文化推广研究中心主任。他于1986年北京体育学院毕业留校工作，2017年调入北京师范大学体育与运动学院；近年来，承担了多项国家社科基金项目，以及国家体育总局、国家民委、国家中医药局等部委的课题研究和文件制定等工作，在国际、国内核心刊物上发表了十几篇有影响力的学术论文。

很高兴能和大家交流一下这几年的教学心得。首先应该感谢武学讲坛这个平台给我提供了和大家交流的机会。同时也感谢我的领导、同事和导师，因为他们给了我很多的指导、帮助。另要感谢同学们，因为你们的到来使得整个讲坛更有活力。讲坛是一个论坛的形式，跟讲课不太一样，是可以更轻松一点的。我今天分享的课题最早源于去年西安文理学院请我过去讲课的内容，不过今天我在那个基础上做了一个新的调整。我上课的宗旨是：课堂上题目比较简单，但是会在讲课过程中传达更多的信息，所以大家要跟着我一起畅想，也希望今天的分享能给大家一些启发！

最早给大家的题目是“民族传统体育的发展现状与其展望”，但是这两天在整理时我又把它给扩宽了。那就是，能否站在更高的视点和层次上来思考一下民族传统体育。所以我就起了一个“我们的文化何以自觉”的题目。因为当前“文化自觉”四个字，是我们大的文化背景下的关键词，从而我选择以它作为切入点，来对民族传统体育的发展现状及其对未来的展望做细致的讲解。本次讲坛主要围绕四个部分：一是我们的文化与我们的记忆，从我们身边的文化现象切入，来思考一下我们的文化与我们的自觉；二是他者的认同与我们的自觉，站在他者的角度，再来看看人家对我们文化的认同，又是如何行动的，这个是很值得我们深思的；三是我们的体育与生存的现状；四是体育强国与我们的责任。

首先从我们身边的城市讲起。说到城市就想到了家乡，家乡给我们留下了难以磨灭的记忆。美国著名城市学家伊里尔·沙里宁曾经说过：“让我看看你的城市，我就能说出这个城市的居民在文化上追求的是什么。”也就是说一个城市，在文化打造方面也与自身有着密切的关系，一个城市必然有它的文化在里面。城市的文化遗产，是城市生生不息的生命力的体现，也是演绎人类生活内涵的重要载体，因而每一个城市都有自己独特的符号。随着改革开放，我们的社会、我们的国家发生了翻天覆地的变化。城市文明勃兴之后，城市日渐成为人类的主要居住地，城市生活成为人类主要的生存形态。记得胡适先生有一段话，很值得我们深思，大意是：在整个反封建革命兴起以后，我们中国都在学习西方先进的工业与军事技术以及文化。在工业和军事上，中国的成绩实在乏善可陈，但一般人的生活和信仰，却因为与西方文化接触而有了实质的改变。比如传统文化资源在现代化的进程里逐渐流失，国人对传统文化的认知逐渐减少，尤其是与他者比较，我们自身较缺乏对传统文化的自觉与行动，这一现象对于一个具有五千年悠久历史的文明古国来说，很值得我们深思。

对传统文化在现代化进程中遭遇的困境及其解决的可能性，后面我们将做详细的讲解与展望。接下来我们讲的方面是他者的认同与我们的自觉。梁启超先生曾经说了一句非常有名的话："何谓民族意识？谓对他而自觉为我。"对于我们身边文化的自觉要有：信仰、惯习、场域。信仰就是我们任何的行动，都是在精神层面上要有引导的。惯习就是我们在社会化进程中不断地被影响和教诲，受到很多教育而养成的习惯。场域带有空间性，就空间层面而言更多是物质上的，但文化空间更是一个很重要的概念。例如，舞龙舞狮最大的生存空间就是在庙会，在这样的文化空间里才有这些项目和形式的存在。如果没有庙会，我们这些形式、这些项目，就很容易消亡。我们当下的社会化进程，尤其是我们党的十八大提出的城镇化改革将面临非常大的文化坐标的定位。

面对文化认知的缺失、文化认同的弱化、文化自觉的淡漠，我们又如何谈文化的自信、文化的自强。在此呼吁，"不要让我们的文化记忆变成文化失忆"，应该"留住我们的文化记忆，守住我们民族的魂"。

让我们一起重拾童年的欢娱与感动！打弹珠，是男生童年之忆，与大地的亲密接触，由此凸显中国民间民族体育最大的特点就是与大地的不解之缘。跳绳，是女生童年之忆。考古学家曾在契丹墓地发现一张关于跳绳的图片，图上有两个契丹小孩在跳绳，而且跳的是长绳。由此可知，跳长绳最初起源于辽代之前。而跳单绳最早却可能起源于北辽，因为北辽的契书上有一个孩子边跳绳边唱歌谣的记载。拔河历史悠久，春秋战国时期就有。跳皮筋也是现在女孩子较喜欢的一个项目。滚铁环现在也有比赛，但现在我们要做的是把规则变得更加规范。放风筝的历史文化底蕴非常丰厚，在清朝的时候风筝已经是产业了，制作、贩卖风筝的手艺人随处可见。风筝讲四门功夫，叫扎、糊、绘、放。

我国的民族民间体育文化是宝贵的资源。可是，由于我们缺少这方面的意识，大量文化资源被无情地掠夺。针对此问题，我们更要注重体育强国的责任，体育强国要具有文化影响力，体育强国要有被世界认同的体育思想，加大构建中西方二元体育文化体系的可能。体育要被接受成为主流文化，就要成为大众文化、流行文化，也就是受大部分群众喜欢的文化。民族传统体育在走进当代人们的生活的过程中，作为简便、易行、健康、快乐的一种大众文化，极易被世界人民所接受，成为主流文化。我们认为，一种体育文化能够引领世界体育，并能成为大多数人崇尚的、坚持的一种主流文化，恐怕并不是因为它的高深，反而恰恰是因其

简单。从这一点上说，中国体育要想成为世界体育的主流，也必须要走一条大众化的发展道路，走进当地人的生活中。在推广上，要从以前的“走出去”到“走进去”，从“分享”到“共享”，充分考虑到受众的心理。

中国要想成为一个真正的体育强国，并且屹立于世界体育之林，要考虑的不仅仅是运动成绩的问题，也不仅仅是本国体育事业整体发展的问题，更为重要的核心问题是，在世界体育舞台上有没有被世界体育人普遍认同并对其产生影响。体育理念以及全新的身体锻炼方式是中国体育在世界体育界拥有广泛影响力或竞争力的关键所在。因此，构建中西方二元体育文化体系，向世界奉献有中国特色的体育文化，是我们体育强国的责任，也是世界多元文化的需要。

东西方体育思想的差异正是其共融性存在的空间，只要能够站在辩证唯物主义与历史唯物主义的立场上来看待二者的自然观、体育理论与实践，必然可以扬长避短，彼此完善，不断地丰富现代体育运动理论和方法，为体育科学的发展指出一条中西方结合的光明之路。我们当前的任务是：构建民族传统体育的文化精神，加强民族传统体育的文化创新，丰富民族传统体育的文化元素，重建民族传统体育的文化空间，提升民族传统体育的文化自觉，打造具有中国特色的体育理论与实践体系。

太极禅

主讲：李连杰　　整理：金斌

李连杰，1963 年 4 月 26 日生于北京，很小就经吴彬教练千里挑一选入北京市什刹海青少年业余体校（现北京市什刹海体育运动学校）。其个人武术记录创造了中国近现代武术界的奇迹，连续五年的全能冠军，共夺得大小冠军 50 余次，多次代表国家出访巡演。李连杰是当代十大武星之一，20 世纪 80 年代初推出处女作《少林寺》，轰动全球，他本人也被世人瞩目成为国际巨星，从影 30 余年已拍摄多部经典功夫作品。1999 年，李连杰应邀到好莱坞发展，以不俗的成绩向世人展示了东方武术文化的魅力；近年来忙碌于慈善事业，成立“壹基金”救助更多需要帮助的人；为深度挖掘、展现武术魅力，和马云合作开发“太极禅”。

很高兴见到这么多年轻的朋友！从某种意义上来讲，我们还是师兄弟，因为我的老师吴彬是北京体育大学毕业的。不过严格来讲，我没上北京体育大学，所以从某种角度上还应当叫你们师叔！记得第一次来到北京体育大学，是1972年，这儿有一个青训队，我跟着我们什刹海青少年业余体校的武术老师来北京体育大学和这些青训队的朋友们一起训练，转眼间四十多年过去了。

为什么练武术？就当时而言，我真不知道。我是被吴彬老师“抓”去的，练着练着就想知道原因，一直也没弄明白，到《少林寺》拍完，我开始觉得有必要搞清楚什么是武术。我连续拿全能冠军五年，但是我们所称的“全能”就是那五样东西——自选拳、自选刀、规定拳、规定刀、对练，根本算不上真正意义上的全能。大概是1979年，我就偷偷地装病，离开专业队，到公园里去学，到民间去学。那时候每个礼拜我都跑到北京体育大学来学，中午就在那个操场，跟门惠丰老师学戳脚，跟阚桂香老师学陈氏太极拳，跟李永昌老师学一些民间的练法。虽然我不像你们这些年轻的朋友有幸来上这所大学，但我是偷偷地来学，而且学了很多年。

拍了《少林寺》之后，我开始反思什么是武术，特别是武术被归为国家体育总局（原国家体委）下边的一种专项之后。1982年12月，我写了一篇心得，在《人民日报》上发表，我觉得武术不是这样的。我自己把武术分为四大类：运动竞技的比赛，强身健体的武术，武术的电影电视、文化出版、舞台剧，军队警察的格斗。但是这个理论并不是所有人都认同，因为在那个年代的制度里，武术必须是体育总局管的，你怎么可以把武术拉到文化部、卫生部去呢，很多人不能理解。但是非常有幸的是，我的这些观点得到了老一辈人的认可。所以，我就离开了专业，到深圳去创立公司。当时我就认为，自古以来文武之道是支撑整个人类社会的两大支柱，所以我在那个时候就把武术医疗、武术影视、武术旅游在武术的各个领域进行推广。但在我人生中，那一步是一个失败的“作品”。虽然得到了文化界很多人的支持，很多社会力量的支持，但是当时是处在改革开放的初期，大家都在解决温饱问题，解决家里有没有洗衣机、冰箱的问题，对推广文化还是一个粗浅的认知，所以那个想法最后没有成功。但当我知道1990年武术被纳入亚运会时，我就开始思考，中国武术应当怎么走，才会走向世界？所以我选择去美国调查武术的发展。

在美国，使我最震撼以及记忆犹新的是一次与美国武术界的座谈。座谈主要是谈空手道、柔道、跆拳道等，对于什么是武术还没搞清楚。讲来讲去，到中间的时候有一个话题，说一个老人家今天过生日，让大家给他鼓鼓掌，并让老人家讲讲他的感受。老人家是练武术的，他说："我有三个武馆，一百多个学生，我最近过生日，学生们送了我一块手表，劳力士，金的。"接着有一位韩国人发言，三十来岁，他说："老先生，祝您生日快乐，您很幸福，我有150家武馆，但没人知道我是谁，我也不认识那些学生，所以我过生日只能自己给自己买礼物。"我很惊讶地发现话题讨论出了问题，因为思维方式完全不一样。

后来我继续拍电影，回来继续做公益，这些你们都了解。在我的整个成长过程中，我一直在思考，然而中间有很多的怨恨，对武术的怨恨，后来想起来可能是太爱它了，我不知道为什么它就在我的血液里。我今年也五十多了，四十多年围着武术，我想甩也甩不掉，它就在我的生命里，不管是练武术、拍电影，还是做公益，我都在运用武术的太极哲学理念。我本来想五十岁退休，去继续探讨自己对生命的了解和认知，但是看到中国无数的企业家在自己的公司里组织太极队，马云先生等大量的人在积极推广太极，到纽约去也讲太极。阿里巴巴就更不用说了，基本上有八千多人练，入职员工前十天学阿里巴巴文化，接着就要练太极，我就很好奇他们为什么这么认真地练太极。大家反复地探讨，觉得有必要。我本来是想有人做那我就推一推，没想到就被那个个儿不高的瘦瘦的那位，一脚踹到了太极领域。马云先生说："连杰你必须做，你必须去承担这个责任。"所以我就开始重新做，不但要做，而且要全职地做，全职的意思就是电影要停，很多工作要停，但我接了这个任务。

我们用了三年的时间，包括中国武术研究院的各方面的专家，包括北京体育大学的很多老师，都在一起研究和思考，什么是武术，什么是太极，以及如何做？20世纪70年代的时候我就听到很多领导说：我们的武术非常受欢迎，到哪儿都非常受欢迎，80年代是，90年代是，到今天还是，仍然说有很多人喜欢中国武术。但是去美国调查一下，真正练竞技武术去参加比赛的人不会超过一万。而且在街上你问"What is wushu?"，几乎没人可以回答，问题到底出在哪里？我真的很认真地在思考这些事情，从我几十年对武术的了解，我个人认为，问题出在它太博大精深，太丰富多彩。我参加过一次地区的武术节活动，那个市长告诉我："连杰，告诉你，我们非常重视武术和武术家，我们这儿一百多个拳种。"我听到这话越来越清晰地认识到，练了四十多年武术的我还不清楚到底有多少个拳种以及它的兵器，要推到全世界谈何容易。我个人认为，推广武术就像你要把满汉全席推到日常生活中，这是有困难的，虽然它非常好看而且可以欣赏，但很难普及。

在思考这个的时候，我就看日本人是怎么做的，韩国人是怎么做的。你会发现一个模式，当一个国家或民族的经济开始腾飞时，并且在取得一定成果的时候，企业家们就开始动了。企业家开始把资本拿出来去做文化，这个时候政府给予很多的扶持政策——免税，帮着你推广。日本在20世纪70年代的时候，就把柔道、空手道等拿出来拼命地推。政府的好政策、企业家的资本，加上那些练武的专业人士，共同向全世界普及。因为企业家出钱让专家到外国去开馆、教学，所以在20世纪70年代，日本的文化迅速地遍布全球。韩国在经济发达之后，思考了日本的这个现象，迅速地用政府的扶持政策、企业家的资本和专业的从事跆拳道的人，把跆拳道向全世界推广。1990年的时候，韩国才学习中国香港的电影、美国的电影，把文化电影产业重新包装，才有后期我们了解的韩风，这是韩国的文化现象。我们的邻居印度，经济也不错，也是发展中国家，但是印度的历史和文化使得他们不知道如何把好的东西进行包装和运用。美国人非常厉害，他们看到了东方的文化、亚洲的文化，用了十五年时间包装了瑜伽。瑜伽现在在全世界大约有一亿的注册会员，美国可以查到的就有两千万左右的会员，有教练执照的瑜伽教练有七万多人。最值得我们思考和学习的是，美国大概在2001年的时候就创造了一个300亿美金的全球产业链，造就了无数的就业机会。这都是人家做的事，也是我几十年都在思考的事。

中国的今天也处于这么一个时代，改革三十年，经济在腾飞。在这个时候，你会发现一个奇特的现象，又是企业家开始动了，在寻找未来三十年拉动产业、拉动社会、拉动文明的方法。几百个企业家都在一起探讨，未来的三十年是什么，怎么才能节能减排和环保，还有饮食健康等，再探讨的就是文化。在思考过程中你会想，文化是什么，北京有京剧，东北有二人转，四川有变脸，但是很多的文化现象大部分都是区域性的。体育更多的是引进的，要想传播中国文化，最后讲来讲去大家就选了太极。更可喜的是在党的十七届六中全会上，党和国家做了决定性的决策，就是文化大发展、大繁荣，所以你可以看到，我们也具备了三个条件：政府的政策、资本的支撑，以及这个行业专业的人的行动。

在过去三年，我带着很多的压力去思考怎么做太极。我会想我们的问题在哪里。推广太极时，第一件事想到的就是，太极等同太极拳，太极拳等同退休的老人家们，是比较低成本的在公园里锻炼的一种运动，这就是我们的问题所在。中国武术研究院给过我一些数据，就是全世界有1.5亿人在练太极，比练瑜伽的人多，但问题是你无法从现代经济学角度统计出你的产值是什么。所以如何把太极重新整理、重新包装，让它变成时尚，让它变成五星级写字楼的那些手中拿着星巴克咖啡的年轻人去练的武术，是需要思考的问题。我做了大量的市场调查，发现大多数年轻人基本上不认同太极。对于传统的武术界和传统的太极界的这些组织，我非常尊敬和感激他们对文化的推广和对太极的推广。在我心中我认为他们推广的对象是中学生和大学生，那我接下来思考的是如何向小学和幼儿园推广。为了便于推广，我重新思考、重新定位后决定叫“太极禅”，为什么叫太极禅，武术研究院的研究员、专家帮我做了很多历史考证，进退顾盼定，定生慧，慧就是禅。我心目中的太极禅是什么？太极为天地间冷暖相对的事物，而禅是什么？是由人在思考，禅一定不是物，是人。所以我当时基于这个想法就起了太极禅的名字。我们做什么，公司的目标是什么？是健康快乐。我去中东、去非洲、去联合国都问过，两年前有幸跟中国的冠军队去联合国，我就问了这个：生命中最大的需求是什么，目的是什么？是健康快乐。那如何健康快乐？有不同的方法。既然人类追求的是健康快乐，那我们推动的目标就是这个，为此我也请教了社科院学者、国学大师等。我提出的观点很简单，我觉得“太极”这两个字是哲学体系，太极在易经之前，在五千年文明之前就有了，中华民族的祖先那时就想要了解外在宇宙结构。当然我们不谈无极，先从太极开始，有天地，有四象，有东南西北，有八卦……这个东西演变了万物，不管是人、物质、化学分解等都是从这里演变的，从两个极端开始分解，这个理论已经形成。太极的理论和太极的道运用到中医理论时才有了《黄帝内经》。《黄帝内经》所讲的基本没离开太极的道。在军事上更离不开，有枪有盾，这一切的形成，都是太极的道演变出来的。我们生活在这个地球上，小到家庭，都是阴阳对立的关系，大道社会，都离不开太极哲学体系，只要你认为并且认同它是。

我这几年也考察了武当山、陈家沟等地方。武当山的说法是张三丰创立的太极，这个到底有没有史籍的记载，它是如何传承下来的，脉络清晰不清晰都有一个问号，因为这个是六百年前的事。而陈家沟是有传承的，谁教给了谁，谁继承了下来，如何演变成今天的太极都有记载。这是一个什么状况呢？我在思考当中觉得是这些前贤运用身体去表达这个哲学体系，所以太极不等同太极拳，太极拳是通过太极的哲学体系，通过身体而演变出来的一种方法。纵观今天的中国，不管有多少个拳种，多少种兵器，影响中国、影响人类最大的拳种是什么，还是太极拳。所以就我个人而言，太极拳是树，太极是道，在此观点的支撑下，我觉得推广中国文化，儒释道的精髓，都在讲不落两边走中间，即中庸之道。我跟中国驻联合国的大使们，或者长期从事外交工作的人们探讨，大家在开玩笑的时候说，其实你认真想一下外交部也就是一个“太极部”。所以我开始明白为什么今天中国有很多企业家用太极来治理公司，其实我也用太极在治理家庭。儿女之间、夫妻之间，如果只站在自己的角度，对方永远是错的，你试着站在另外一边，再站在中间客观地看一看，一切都会放下，一切都会放缓。所以我觉得太极的哲学体系太了不起了，生活在地球上的人没有谁能离开它，不管你承认不承认。我认为在这个框架下，要去推广中国文化，给世界各地的人们分享，为人类提供一个有效地生活在地球上的方法，否则我个人肯定会觉得愧对太极哲学，愧对中华民族的前辈。

所以，不要把武术、把太极想象成职业运动体系中的一种，当太极禅的概念建立好了之后，我们必须把它变成整个社会的责任，这个东西才能推动起来。人家都做了，我们不能停留在只标榜我们的 GDP 有多少，我们在世界上排多少名这个层面，而应该想我们为人类做了什么，我们是否能把祖先的东西通过商业化的包装运用到 21 世纪，推广到全球，让大家共享。太极和太极禅可以让你健康和快乐，因为它能够让你了解到任何事物的两面性，比如，股票的涨跌都是合理和必然的，因为它具有两面性。我经常跟大家分享汽车的故事，如果我有汽车，那么遇到堵车、汽油涨价都是有可能的事情。当你把它看透了以后，你对生活的各个方面都可以用太极哲学去理解，这就是我要分享的太极禅以及它在宏观上是如何定位的。

接下来我要分享的是另一方面，就是如何去做。我们经过三年的努力，和武术研究院的专家开过无数次的会，北京体育大学很多老师也参与了创编。因为打破一个思想是非常难的，我很尊敬所有的老师，我们讲着讲着，就又回到武术，又回到什么是太极。

后来总结，我一生中都喜欢搭建平台，就壹基金来说，我也是希望搭一个平台，希望更多人通过这个平台去回馈社会。未来的太极禅也是搭建平台，更需要像你们这样的年轻人、有梦想的人通过这个平台走出去，把中国文化传递出去。20世纪80年代，国家组织了很多人来挖掘整理武术，也组建了一个专家组，当时我因为电影《少林寺》出名也获得了参与的资格。我是最年轻的那个，二十一二岁，天不怕地不怕，我就跟全中国的那些前辈嚷嚷，我说很多东西是挖掘整理后最后放到博物馆，去作为历史研究，但是很难发展，为什么？因为过去的铁砂掌，我练了之后可以作为一个工作，而现在的铁砂掌我为什么要练，练了有什么作用？随着人类的发展，它必然被历史所淘汰。许多传统的武术非常值得挖掘整理去把它作为历史存放，但是我个人更喜欢去研究的是，武术经过五千年的发展后如何在今天展望未来。我很喜欢看未来，美国人说中国人的电影老喜欢讲历史，展望未来的很少，而美国人没什么历史，回头一看只有西部牛仔，所以只能往未来看，讲述未来的星球、未来的世界。就这两个民族来看，一个往后一个往前，倒别有一番趣味。我个人是希望展望未来的，我觉得好好说不如好好做，怎么样把它变成今天有用、未来有所值的东西，这才是我们必须要面对的。

太极禅公司今年推出两个产品，第一个叫“云手”，根据十三势演变而来，第二个叫“云手 fit”，在八月之后会进入健身产业，我们会通过网络英文版进行全球网络教育，分为一至九段的三年的课程，明年、后年，每一年都有新的产品。怎样把它变为与现代人有关的才是较重要的，比如说太极拳，所有人都说好，我一直问怎么好，但都说不清，也没有具体的数据说它怎么好。我们接着去美国调查，美国人说太极拳好，他们三千人练瑜伽，三千人练太极拳，结果发现太极拳更有利于治疗失眠，他们有数据来证明，我很惊讶。我们总说自己民族的东西很好、很了不起，但是我们目前还没有数据，没办法证明。所以当他们听说我们开始启动这个计划时，他们很兴奋，因为他们有数据证明这东西好在哪里。明年、后年我们还会陆续针对现在的白领精英提供西医的治疗，因为西医的治疗更简单，他们觉得没有时间练太极拳，只需要被告诉坐在电脑前八个小时，哪几个动作保护眼睛，哪几个动作保护颈椎，哪几个动作保护膝关节。我想说，当然可以。拆散它，我们有这个东西就要根据市场来运作，这也是一个推广的方法。将来我也很想做太极推手，按体重等进行对抗和比赛。以后每年都会有新的产品，很多大学和机构都希望我们能送教练过去，得到一种现代人读得懂的健康的方法。

接下来问题就来了，瑜伽每两千万中只有七万多教练，这体现的是教练本身的稀缺，而武术教练中存在教学质量不一样、没有统一的标准、没有统一的段位制、没有统一的晋级等问题，这些都是我们要面对的。所以我渴望这里武术学院的同学们，以及全中国学武术的人，都去想一想，要不要我们共同做一个大梦，努力十年，把中国文化的精华以及武术的精华用最简单的方法传播到世界，我们也为人类做一些事情，提供一些新的适应社会发展的方法。

对于台下武术学院的同学们要照相要签名这件事情，我更倾向于你们来加入太极禅的世界，我愿意和你们一起去完成这个梦想。因为会有一天，不知道什么时候，我会死，但是还有你们，你们年轻，你们有梦想。虽然我也做了一些调查，知道你们毕业以后很想去政府机关工作、解决北京户口等，但这些并不妨碍，因为这么多学生中一定有人愿意去完成这个梦想。我可以简单地告诉你们一些具体的数字，如果你通过我们的考试并成为我们的教练，一级教练基本工资是六千，一共五级教练。你可以去创造梦想，将来你可以去全世界教，将来你可以有自己的武馆，只要你来这个体系都可以发展，如果想要更细化，咱们可以再来研究探讨。

这是我们的梦想，我理解并感动于那些继承和发扬传统文化的人，但是如何将它们运用到我们的生命中，这才是最重要的。太极禅希望在推动强身健体的同时，使更多的人懂得它的文化和它的哲学体系，这是精髓。我在武术界学了这么多年武术，我一直告诉自己，我们的祖先告诉我们胸怀天下，一定不是 960 万平方公里的这块天下，而是在这个地球上有天有地的所有地方。

所以，我们把祖先的东西用最经典的方法传播给人类，分享给人类，我们并没有任何单边主义，我们只是简单地阐述生命中有高有低、有宽有窄、有年轻有年老，这个是祖先最了不起的哲学，什么都没说，但又什么都说了，什么都做了，这就是智慧。谢谢所有的同学！谢谢所有的老师！

中国武术未来发展与展望

主讲：康戈武　　整理：边瑞

康戈武，云南省昭通市城关人。中共党员，教育学硕士。曾任中国武术研究院研究员（武术专业），兼任北京体育大学武术专业教授（博士生导师），国家体育总局武术运动管理中心宣传部负责人，中国武术协会委员兼新闻发言人，国际武术联合会传统武术委员会副主任，中国武术协会秘书长。

传统武术是中华武术的根，是民族传统文化的载体，现代武术是基于传统武术一脉相承而来，并发展出了自己的特点。莫言曾经在《捍卫长篇小说的尊严》

一文中写过一句话：文学的魅力，就在于它能被误读。误读不是读错，而是每个人都会有不同的感受与理解。武学亦是如此，武术中固有的神秘感，让每一位热爱它的人都沉醉其中，我们不断地去探究、去演练、去发展，逐步形成了现代完善的武术体系。但不时会有人问：到底何为传统武术？我们如何定义呢？传统武术与现代武术未来该何去何从呢？实行段位制的意义又何在呢？带着这一系列的问题，主持人请出了康戈武老师，在一片热烈的掌声中，康戈武老师走上讲台，开始了本次武学讲坛的内容。

首先，康戈武老师对武学讲坛给予了高度评价，感谢武学讲坛为广大的师生和武术爱好者们提供了一个武术交流的平台，这个平台让更多喜爱武术、钻研武术的人有了一个分享的舞台。康戈武老师以“现代武术和传统武术的未来发展”这个话题作为开场白，说到现代武术与传统武术的区别，康老师认为不能把现代武术与传统武术当作对立面来看。广义的现代武术是：现在传播着的，从过去到现在传承下来的，与时俱进、发展变化着的武术。随后老师又说出了狭义的现代武术，是指那些新编的技艺。在说出了现代武术的广义和狭义的范围之后，老师向同学们提出了几个问题。第一，既然现代武术是新编的技艺，那么它与传统武术的继承在哪里？第二，如果有联系，联系在哪里？第三，传统武术发展到现在，相对于现代武术而言是联系多还是变化多？

随着这一系列问题的提出，康老师开始从传统武术的概念来向大家阐明观点。传统武术给人的感觉就像是历史的遗存物，传统的东西一定是流动着的活的灵魂。从这个观点来看，我们就不能把传统武术和现代武术分开来讲，如果必须要有一个区分的话，那就是用于套路比赛的那些武术技艺和现代新编的技艺。康老师在阐明了自己关于传统武术与现代武术的理解后，向同学们说出了他今天要与大家讨论的核心主题：中国武术未来发展与展望。

武术是不断发展着的，如果从过去讲起，是很难客观地去看待武术的，所以康戈武老师打算从现代武术的发展讲起。因为现代武术也是从过去的武术中发展而来的，顺延着这个发展，顺延着这个趋势，我们就能很清晰地看到武术未来的发展方向。

康老师从武术的三个方面开始讲起现代武术。第一，武术教育的新景象；第二，社会武术发展的新举措；第三，国际武术发展的新动向。每一个方面既讲它的现状，也顺延着讲它的未来，康老师强调不会把现状与未来分开来讲，因为武术的未来立足于现在的基础，也立足于现代武术发展的规律。

在武术教育的新景象中，康老师开始阐述武术发展的一些新的观念，并相对1988年的武术定义提出了新的武术定义：武术是以中华文化为理论基础，以技击方法为基本内容，以套路、攻防、格斗为主要运动形式的传统体育。在这个新的定义中，突出了四个方面的意义：第一，武术的文化特色（拓展了武术的功能价值）；第二，以技击方法为主要内容（保证了武术与其他体育项目的种差）；第三，指明运动形式（避免单一发展）；第四，明确自身定位（占全球体育的50%）。

康老师着重强调了武术的文化价值。以往的人们往往侧重于关注武术的技击价值，虽然它是武术的本质，但要想区别它与拳击、泰拳、跆拳道等世界上的其他格斗类项目，必须要从武术的文化价值上来看。世界上的不同国家和地区都有着他们自己的用于攻防自卫的技艺，武术之所以和这些格斗技术不同，就是因为它受了中国传统文化的影响。我们今天来推动武术发展，把武术拉入学校教育的范畴，把武术作为弘扬和培育民族精神的载体，把它作为传承民族文化的契机，就是因为它是以中华传统文化为基础形成的。

康老师又着重阐述了技击，武术中的每一个动作都蕴含了阴阳的中国传统哲学理论，每一个动作中都有攻防技击的含义，这样的特点也让武术与西方的体育项目有了本质上的种差。大家普遍把武术同西方体育一道并列为体育运动，认为武术单单是一个项目，这就抹杀掉了武术与西方体育的种差。人们总是在强调武术强身健体的功能，这就抹杀掉了武术与其他运动项目的种差，背离了武术教育的意义。

对于武术教育，康老师向大家说明了武术的三种运动形式。第一种是功法练习，文献记载，以前的习武者注重一招一式的练习，以及部队上克敌制胜的方法，还有木人桩的练习方法，到后来受到艺术方面的影响，吸收了套路化的形式，随后又在套路当中形成了两两对抗的运动形式，这就形成了第二种和第三种运动形式：套路和格斗。康老师着重强调了“格斗”这一运动形式，而不去讲“搏斗”，并从字面上进行了解释：格，为防守；斗，为斗争。这是中国人历来的一种说法，先进行自卫防守，在威胁达到一定程度后开始进行斗争，这也体现了自卫防守的武术运动形式。康老师说到了功法，现在的人们往往忽略了功法的练习，现在西方竞技体育越来越科学化，有了专门的素质教练、体能教练、心理教练等，其实在武术里面，功法就是充当了这样的角色。以前讲：练拳不练功，到老一场空。我们其实早就注意到了这些，而直到现在西方体育才形成了专门的体系去训练素质和体能，所以，功法是不能丢的。康老师把这三种形式放到总定义里面，避免了以前的单一的发展。

在中华人民共和国成立的初期，相当长的一段时间里，即1978年以前的中国，只有套路比赛，而且在套路比赛初期里，也只有长拳的比赛。到了1978年改革开放，人们的思想得到了巨大的解放，也就在这样的时机下，中国开始散打试验。到了1983年，全国开始大范围、大规模地对武术进行挖掘和整理，并尝试组织新的武术比赛。随着社会的发展，人们对武术的认识逐渐加深，再经过不断的创新，才总结出了前面讲到的武术的三种运动形式。

在现代武术发展中，有许多让人可喜的成就，这些都体现了现代社会对于武术的认识在不断地完善。康老师随后开始阐述武术是否该被当作一个项目来看。很多时候，武术与其他运动项目相比，就吃亏在了只把武术单单地当作是一个体育项目来看，其实武术在整个体育中所占的比重应该是50%左右。原国家体委主任李梦华曾经说过，从东方体育和西方体育的范畴来讲，整个东方体育可以完全说成是武术。在以前，中国的文化讲究文武两道，除了“文”就是“武”，所以活动的目的就是增进人们的健康，增进人们防守自卫的能力，增进人们保家卫国的能力。回过头去看那些宋代打马球的人，都是当时的军人，打马球是一种军事体育，是用来提高战斗力的。所以我们要往回找，“武”也可以说是整个中国体育的总称，也是东方体育的总称。

20世纪70年代末到80年代初，许多学者专家就已经提出，武术不能只单单地看它的打拳踢腿，要看到它的文化因素，然后再从武术自己的运动体系拓展开来，去看它的整个文化范畴，这叫作“大武术”，进而繁衍出武术艺术、武术医学、武术哲学、武术美学等。在这个说法当中，也出现了很多只有在武术中才能看到的特有的文化形态，比如：武术哲学。康老师从“大武术”中专门挑出武术的哲学范畴来讲，武术的所有攻防技法，其实都是以“易”为理论基础的。“易”是指《周易》，以《周易》的“礼”来作为武术技击的理论，武术所有的拳术、攻防技法和器械，无不以《周易》里面的理论为基础。在《周易》里面最基本的是“阴阳”，在所有的武术里，都依据了“阴阳”的转化。康老师说到了北京体育大学最具传承性的一门武术，那就是张文广老师的查拳。查拳是现代武术产生的一个依据，在查拳的基础上编出了后来的“新编查拳”。康老师还当场示范了查拳的冲拳动作，传统查拳的冲拳动作，拳头是斜着的，叫作“斜插一杆旗”，它不是完全平整的，要在有阴有阳的一个位置。查拳所有的冲拳，必须要肘关节微微弯曲，不能完全伸直，直为“阳”，所以它才要曲一点，曲一点才有回旋的劲力，才会有变化的余地。查拳最讲究腿法，这种腿叫弹腿，弹腿弹出去要马上回来，但在现代的武术套路比赛当中，弹腿弹出去之后往往要停顿住，为的是让裁判看得更清楚，这就违背了“阴阳”的原理，在现实的技击当中是不适用的。

康老师同时还提到了武术医学，武术上所讲的医学，也是别的地方找不到的。中国的医学，历来是不主张解剖的，解剖是西方的医学涉及的，中国的医学历来讲究的是整体性，但武术医学家们对人体每一个局部都有非常深刻的认识。比如武术医学家对于关节及其功能的认识是非常清晰的，因此发明了擒拿、擒摔，并运用到了中国的军事训练当中，也使武术对社会起到了非常重大的作用。武术家也要练习自己内部的气息，武术家们通过自己的体验，了解到自己的每一个部位气息的运行、意识的运行。说到这里，为了让大家更好地了解武术医学，康老师给大家举出了例子。如当一个人手肘脱臼后，西医大夫会采取强力对拉上关节的方法，但他们忽略了一点：虽然骨头之间脱臼了，但肌肉还是相连接的，如果肌肉在强力对拉时紧张收缩，不但不会把关节对上，反而会伤到其他地方的关节。随后康老师当场展示了武术医学家是如何给脱臼的肘关节对位的，简单而又实用的动作使在场师生更好地理解了武术医学对于社会发展的深刻意义。康老师还鼓励在座的师生在武术这么一个大的优势下，要试着去研究我们中国自己的“运动医学”“运动创伤学”。

从美学的角度出发去看武术，武术美学也有着一套完整的体系。在 20 世纪 50 年代的时候，北京体育大学武术教研室的老师就专门去研究武术的“美”，研究武术的动作怎样才更能展现出武术特有的美感，以便将武术的动作运用到竞技舞台上、杂技上，以及进入民间。其实早在中华人民共和国成立的初期就有一本关于武术的杂志——《武蹈》，里面描绘了很多竞技的武术动作和民间的武术动作，以及其他的一些以武术为素材的动作，这样就从武术的形式上归结出了武术的美感。从美学的范畴来看，武术的美学也有着独有的特点，与西方竞技体育的美学是不一样的。

2011 年，中国武术协会主席高小军提出了“大武术观”，它是指武术具有广泛的实用性和广泛的价值。因为有广泛的实用性，所以各个阶层、各个年龄的人们都可以参与到武术中来；又因为有广泛的价值，所以各行各业都可以来运用它，进而武术的价值和意义将被更为广泛地运用到社会生活中去。

康老师说起了最近的一个武术发展趋势：从个性化到标准化发展。武术的发展从个性化到标准化，跟它产生时的社会大环境是有关系的，以武术的各个拳种为例，它们都是在某一个乡村、某一个山头上形成的。当时因为是农耕社会，交通不发达，太极拳起初只在陈家沟里，后来因为通商演绎到了赵堡，到后来杨露禅去陈家沟学习太极拳，进而把太极拳带出了陈家沟，并成就了一位了不得的武术家。正是在这种情况下，武术更强调个人的体悟，强调个性。后来，随着大规模的生产方式越来越普及，以及国家提出城市化建设，中国的城市化比率已经超过 50%，也就是说，社会已经脱离了以前以农村人口为主的时代。在这种时代背景下，必然会促进武术从个性化到标准化的一个发展方式的转变。在武术中个性化的表现是很有特点的。康老师随后举出了一个例子，说一个人想去学武术，首先要拜师，这才算是进了一个“师门”，在这个“师门”里面，师父讲什么那就是什么，这里的武术标准是完全遵照师父的想法的，师父的那些想法也是从上到下一代代传承下来的。这个标准虽然更大一些，但它们相互之间都是包含着的，并没有走出这个标准，就像是太极拳里面，有陈氏的标准、杨氏的标准、武氏的标准等，并且这些标准还受到其他方面的限制，比如在传承上，只有一个师门的人才可以学习，从地域上来讲，也只有一个地域的人们会演练某一拳种。就是这样各地、各门、各派的武术汇集到一起，形成了我们的传统武术。当然这是在以前，现在的情况不同了，我们来到学校里边，老师要讲授课程，但他不能按照自己的想法讲，他要按照教材里统一的标准讲，而且学校还要接受教育部统一的指导与安排，要有全国的标准。康老师举出了二十四式太极拳的例子，刚开始的时候，一些传统的太极拳师不认可这个简化的标准，因为简化了的二十四式太极拳与传统的太极拳有很大的区别，但在现代的时代背景下，武术也确实需要有一个统一的标准去做更好的推广。在中国武术协会成立四十周年的时候，来自全国各地的人在天安门广场，走到各自的位置，按照统一的音乐，在那里整齐地演练万人太极拳。在鸟巢，也曾有四万人共同演练太极拳。这符合我们现在走出“固步自封”的要求，来到了大的社会层面，来到大的环境里面，它需要这么一个标准去统一推广。在这里，康老师强调，标准和简化只是它的一个形式。

康老师又说出了一个武术“百花齐放”的方法，在突出各个地域各个门派的个性的时候，也要突破这些固定的标准，最终形成一个国家的标准，有了国家的标准，才有可能出现我们的竞赛，也才能制订出我们教学的体系。在这么一个标准的要求下，就出现了武术段位制度这一体系。

在段位制体系下，要兼顾教育发展和传统继承，就要强调技术动作的练习，强调练打结合。在技术动作里面，把武术的动作跟人体的用于攻防的肢体和用力的方向这两个因素结合起来，找出了五个最基本的要点：上肢打、下肢踢、躯干靠、擒拿（扭转力）和摔法（两力相争）。在练打结合上，以前的武术套路都是既能对练又能实战，现在也要回归到这一点上来，要从现代武术受西方双人对抗的竞技体育模式影响中，回归到传统武术训练模式。康老师讲到了民国的武术，在民国时期，中央国术馆的八极拳里，上段和下段的演练正好是一组对打，这也是我们武术该追求的一种传统的训练模式。但是到了 20 世纪 50 年代的时候，由于国家引进了西方竞技体育的训练模式，使得“打”和“练”分开。在段位制这个体系下，又重新把传统的方式拿回来，每一个段位的模式都是既可单练又可对打，通过这样一个又单练又对打的方式，让单练的人知道每个动作是怎么使用的，让对打的人知道每个动作的标准在哪里。武术，如果丢掉了攻防格斗，丢掉了攻防含义，就没有任何的武术意义了。

随后康老师又从武术的发展谈回学校武术教育。近年来，武术教育在全国范围内的发展让大家感到很欣慰，中宣部和教育部在前不久颁发的《中小学开展弘扬和培育民族精神教育实施纲要》中，明确提出中小学体育课中要适量增加武术内容，并且已经有相当多的地方开始对中小学的体育老师进行武术方面的培训。对于中宣部和教育部的文件，大家把它解读为：武术已经不仅仅是一个健身的项目了，而是弘扬和培育民族精神的一个载体。

现在的武术活动与武术组织遍布全世界的每个角落，现在国际上的大型武术赛事有世界武术锦标赛、世界杯散打比赛、世界青少年武术锦标赛、全运会武术比赛、亚运会武术比赛等。在第九届世界武术锦标赛中，参赛国家和地区达到了

89个，创造了武术比赛的新纪录。在2008年的北京奥运会上，武术作为表演项目参赛，时任国际奥委会主席罗格，亲自为武术运动员颁奖。

最后，康戈武老师总结了他对武术发展的认识，并提出中国武术未来的发展一定要面向大众，面向世界，走出一条独特而又创新的发展道路。结束后，康戈武老师向台下的师生行了一个中国武术的抱拳礼，学院领导一一走上台前与康戈武老师握手并合影留念，武学讲坛委员会的成员也和康戈武老师合影留念。在一片掌声中，第十期武学讲坛结束了。

如何提高中国武术的技击性和医疗性的现代功能价值

主讲：曾庆宗　整理：贾广强

曾庆宗，1941 年出生于重庆，1965 年毕业于成都电讯工程学院（现电子科技大学）数学系。经历数年理工工作后，他于 1986 年调入成都体育学院武术研究室工作，专门从事武术和气功的教学和科研工作，担任过国家武术一级裁判员、《中华武术》杂志特约记者、四川大学武术气功协会主席、四川省和成都市武术

协会委员、河南省峨眉拳研究会副会长、四川省峨眉功夫馆副馆长兼秘书长、蓉城内家拳散手研究会名誉会长。1991 年，曾庆宗接受瑞典斯德哥尔摩大学中文系的邀请，赴瑞典讲学，并留在瑞典工作，现为贵州师范大学特聘教授。

世界上的文化其实只有两种，一种是关于武的文化，一种是关于文的文化，武的文化更早，是根基。从黄帝战蚩尤开始，到后来的春秋战国群侯纷争、战乱，这些战争为武术的技击奠定了实践基础。在原始社会，人在脱离动物属性之前，与自然、与野兽进行斗争，那时候人往往处于劣势地位，后来出现了武器，人战胜了野兽，还出现了狩猎活动。随着时代的发展，为了争夺领土、食物、水源等，人与人进行不断的斗争，世界上的战争一直没有停止过，国家与国家之间要打仗，集团与集团之间也要打仗，技击术也在战争中得到发展。

一、技击术是中国武术的核心

说到武术技击术，它不但是中国武术的核心，而且也是世界武技发展史上一个比较核心的内容。我对武术的理解是这样的：武是力量的意思，术是技巧的意思。武术从古代来讲，主要包含两个层面，一个是使用的武器的技能，一个是人身体的强大，这两者加起来，才能把武术发挥到极致。

（一）人与人之间的技击

宋朝是文化很发达的时期，但是元朝为什么能打赢宋朝，那是因为元朝的马好，长枪亮。元朝将疆土扩展到最大，北达西伯利亚，南至印度半岛，西到中亚。古代欧洲人是很害怕中国人的，汉朝的霍去病、卫青用当时的武器将匈奴人打到了欧洲，匈奴分裂后，东匈奴就在欧洲建国。

没有武术，国家怎么打胜仗，集团怎么取得优势？没有武术，黄帝怎么打败蚩尤？没有武术，大汉朝怎么能打退匈奴？所以说武术是具有开创性的。文在武之后，文用来维持正常的社会秩序。中国五千年文明，历经各朝各代，历来都是以武建国，以文治国，全世界都是这个样子。

在冷兵器时代，最好的武器是什么？那时候人在战场上靠什么去取得胜利？长枪，而且全世界的长枪是一致的，都是由后面的木杆和前面的铁尖组成。武器不是凭空产生的，都是在实践中发展的，是前人不断总结的智慧结晶。

设想一个场景：两个年龄都是25岁的前锋将领，在体能上差不多，都骑着马，拿着长枪，存在的差异是在技术上，在交锋对错的一刹那，生死就在一瞬间，一人落马，一人仍在马上。将人一枪刺倒的技术要经过长时间练习才能获得，这种技法的道理后来演变成太极拳技击术的核心内容，也就是王宗岳太极拳最精华的东西——偏沉。举例：一人比我高比我壮，他来打我的鼻子，我也打他的鼻子，直对直，我占不到任何便宜，因为身高、体重不占优势。但中国武术内家拳里面强调以曲对直，把对方的攻击避开，在避开的过程中进行攻击。武术好就好在这里。国外的武术是力量对力量，速度对速度，很重视身体的硬对抗，一个60公斤的拳击运动员是很难打赢90公斤的拳击运动员的。但是在中国武术里面，一个60公斤的人要想赢90公斤的人，是可以实现的，这里就需要用到很多技击术。

（二）武术各门派的技击术的形成和发展

中国传统武术门派分为少林门、太极门、八卦门、形意门等。从唐朝到清朝，少林武术都比较有名。少林门用拳头比较多，拳头发展几百年，后来打出什么东西了？徒手技击术。西方的拳击手、教练徒手跟我打，虽然他们都很凶狠，但他们都打不赢我。为什么？因为他们手没有那么快，身法转得没有那么快，机会没有那么多，而且力量比较僵。

武术发展了多年才出现了掌。掌有八卦掌、通背掌、太极掌，这些掌是很凶狠的。你敢用拳头击打铁块吗？打着打着你的拳头就会流血。而用手掌可以。手掌的哪一部分是最硬的？掌根。拇指与食指相扣，用大鱼际、小鱼际扣在人的头上，是不是感觉力量很大呢？女子防身术中，当有歹徒抓住女子肋部的衣服时，可以直接用拇指与食指相扣，用鱼际击打歹徒的手臂或是手腕，歹徒就会乖乖地松手。这就是利用自己身体的强大部位对付敌人的薄弱部位，这也是武术的一大特点。人体的薄弱部位有眼睛、鼻子、太阳穴、喉咙、肋部等，同时这些部位对所有人都是平等的。

现代的技击运动是肌肉碰肌肉，所以现代的技击运动是不适合大部分人的，只适合运动员。一个拳击冠军虽然是个冠军，但是他是在规则限制下的冠军，在真实的格斗中，他不一定能打得过一般的武术高手。我经常讲的一个笑话：一个跆拳道冠军、一个柔道冠军、一个拳击冠军、一个空手道冠军，四个人比赛。他们在各自的领域都会成为冠军，可是这是规则限定下的冠军，是比赛的冠军。假如这四个人在大街上（无限制的情况下）打斗，谁输谁赢谁都不知道，他们跟我这个 70 岁的老头打都不一定能打得过我。

当技击术变成一项运动后，它就会受到规则的限制，运动员练习的是一项运动，而我练习的是真实的格斗。像跆拳道，比赛之前要戴上防护设备，而真实的格斗是没有这些的，与此同时，这种运动就会有一定的局限性，不能凸显人的强大能力。

（三）武术技击术的实证和支撑

道家的阴阳理论，这一理论是很了不得的。唯物论和唯心论，两者从古代到现代一直争论不休。道家的阴阳理论则把“物”和“心”统一了起来，统一到我们的身上，我们的身体（筋、皮、骨、大脑等）属于物质，我们的思想属于意识。没有了意识，只有躯体，跟机器没什么区别，只有将两者结合起来才是完整的人（身心合一）。“一阴一阳之谓道”，道家主张“人法地，地法天，天法道，道法自然”。“上善若水”，水是自然界最善、最好、最能培育保养生命的最宝贵的物质，我们效法水就遵从了道教的这个哲学思想。

佛家里面有个禅，和尚是通过什么修炼成禅师的呢？禅定，除了禅定还需要自觉。佛家讲究因果，其实很简单，就是种瓜得瓜，种豆得豆，做什么事情就有什么样的收获。大家有没有听过六妙法门，作为习武者我建议一定要参悟六妙法门，它对武术的提高有很大的帮助，它包括六个字：数、随、止、观、还、净。武术跟前三个字有密切的联系。

儒家也出过很多大师，像孔子、王阳明、周敦颐等。周敦颐作《太极图说》《通书》，“推明阴阳五行之理，明于天而性于人者，了若指掌”。

医家和武术家是中国实证文化里的两大精华，中国医学是其他文明所没有的。中国的医学家和医药书籍更是数不胜数，中医经历了几千年的历史，西医才几百年的历史，两者相比，西医太年轻了。给人治病，医对了头很简单，医不对头，什么都治不好。有人认为中医不够准确，不如西医精确、科学。西方近代科技、医学、竞技体育这三大文明把有些中国人给搞晕了，认为西方的一切都是好的，都比国内的东西好，这种观点是错误的。像西方的解剖学是解剖死后的人体，看看里面都有什么，可是当物质有生命时里面的规律却没能看到。

说到兵家，就想到军事家，武兵同源。什么声东击西、指东打西，等等，兵法里是很讲虚实的，这里不再多讲。

二、武术技击术的养生性、医疗性

养生性、医疗性是武术技击术区别于其他技击术的重要特点，它是伴随着技击术的产生、发展和提高而附带出现的。习练武术的人必须使身体强大起来，这就需要一整套特殊的养生健身方法，而且在病弱和伤病时能够用武术技击术的部分方法来锻炼、自我医疗。中国武术固有的养生性和医疗性，是中国武术和中国医学同源的关键佐证。

我举两个例子：项羽小时候瘦弱，习武后成为秦末无人能敌的大将；古代的大将黄忠年龄快 80 岁了，还能领兵打仗。这说明武术是具有养生性的。经过武术锻炼后，全身的气血运行比较顺畅，内脏器官比较有活力，使人少得病，在生病的时候通过锻炼可以提高免疫力，使人很快恢复健康，这是武术的医疗性。

过去我们国家搞太极养生的人比较多，太极拳柔和缓慢、速度均匀，对老年人的身体大有好处。但是有些人练的动作不正确，有可能把身体练得不是很健康。后来又流行健身气功，像八段锦、易筋经、五禽戏等，其实这些功法在武术里面只是一些比较低级的内功。很多门派里面都有很多的内功，这些内功都是很好的气功，也是很好的意功。

有些人认为中国武术不能养生，恰恰相反，武术绝对是养生的。中国武术可以使关节全面发展。大家认为手指能做多少动作？有多少功能？能玩出什么名堂？我现在整理出来的指功至少有 20 种。反背手速度是最快的，因为手打出去后碰到物体后会自然回来，而且也不会受伤，并且通背手也都是反背的。

三、发展武术技击术的两大宏伟目标

第一目标：为中国传统擂台赛进入世界搏击运动并取得霸主地位而不懈努力。

中国武术其实是自由搏击，是不分时间、地点、情况的打斗。武术跟其他的运动项目有很大的区别，它是人类在生存斗争中产生的技术，其他体育项目则是人为设置的。我有个学生一米九多，比我高，比我年轻，他跳得自然比我高。但是要打斗的话，他跳得再高也没用。

第二目标：促进民间武术套路和武术竞赛套路的技击术的提高和固化。

现在的套路比赛重在高、难、美、新，重视难度动作，缺少技击含义，为了动作的优美好看而改变动作。而武术是简单实用的，技法很重要，缺少了技法，那就不是武术了，跟体操没什么区别。

四、中国武术技击性提高的具体着眼点

（一）研究整理实证，固化当前能展示和保持技击性的中华武术门类

中国武术中，像少林拳、太极拳、咏春拳、洪拳等传统拳术，其一招一式都能体现出武术的技击含义。号称“KO之王”的武僧一龙，在武林风擂台战绩不俗，曾数次打败各国拳手。一龙之所以所向披靡、战无不胜，是因为他感悟了传统武术的技击特点与核心理念，并将其技击精华运用到擂台实战中。因此，我们应研究提炼各传统武术中含有的技法，并归纳整理各拳术中的技击技巧，以防其随着时间丢失。

（二）加强和固化武术竞赛中套路动作的技击性

套路比赛一味地追求高、难、美、新，会使武术缺少技击内涵。在比赛中，套路包含的技击术的多少也应该是套路评判的一个标准。像拳击、空手道、跆拳道、泰拳、散打、柔术等都是在世界上比较流行的技击术。现在的搏击比赛，其技击性越来越强。巴西柔术不仅有站立技术，地面技术也很多，现在一般自由搏击的冠军基本上都是练过柔术的。

五、曾氏太极拳是太极拳技击术的体现

太极拳有极丰富全面的中国文化内涵。曾氏太极拳集“道、佛、儒、武、医、气、兵、艺”八大家的人体实证文化之大成；它融合了古今中外最好的技击优点；它提炼了太极五大派“陈、杨、武、吴、孙”的技击精华；它提炼了中国各种有

名的拳种，如少林拳、武当拳、火龙拳、南拳、咏春拳、通背拳、峨眉拳等的精华；它还提炼了空手道、跆拳道、中国散打、泰拳、柔道、摔跤、柔术的精华；它有很多创新的思想理论和实践方法；它是以王宗岳的《太极拳论》为核心思想和理论来继承和发扬的；它还继承和发展了道教的核心哲学思想——“阴阳太极论”。更为突出的是，它也汲取了佛家的智慧思想，直接应用了佛家中的“种瓜得瓜，种豆得豆”的“因果轮回循环论”和佛家最神秘、珍贵、巧妙的修身成禅的实修法门“六妙法门”（数、随、止、观、还、净）来作为曾氏太极拳的理论和具体实践指导，这使曾氏太极拳在中国文化内涵上具有特有的进步和创新。所以曾氏太极拳是唯一一个有道、佛、儒、俗（老百姓）四家支撑的太极拳，它是有中华民族文化支撑的一个太极拳硕果。

曾氏太极拳是以继承和发扬太极拳的技击术为核心，向着第一的目标来创编的。我力图把它变成人类最好的锻炼方法。它是我还原禅道武学的研究成果，也是峨眉武术的精华，还是青城武术的精华。所以，练习这个太极拳很容易进入推手和散手。它也是很多“四两拨千斤”的具体招法和着法的集总。通过练习，你可以获得太极拳技击术的好功夫，还有健康的身体和聪明智慧的头脑，也为你今后进入道家的内丹术、佛家的禅修术这两种高级的养生健身内功奠定了基础。

混元太极拳

主讲：释延龙　整理：张志辉

释延龙，法名夏来，字印明，中国嵩山少林寺第三十四代弟子（禅法武学传人之一），少林寺第二十九代方丈大弟子释永乾法师（少林寺当家人之一）的爱徒。释延龙自幼酷爱习武，专于内功修炼，先后拜过二十多位名师大家，曾在少林、武当、峨眉、燕山、崂山等地研修三十余载，几十年如一日，孜孜不倦地探索生命科学的奥秘，擅长少林武术、混元太极拳及内功自然疗法等。释延龙从教二十多年，弟子、学员遍布海内外，为国家的体育健康事业做出了杰出的贡献。1992年4月8日，少林恩师推荐他到祖庭白马寺受三坛大戒，受戒后又回到山洞里闭关修炼数年。

一、习武重德，体悟拳道

（一）武德

武德育良师，苦恒出高手，习武为健身，以德来养性。一名真正的武林高手，必须具备高尚的道德品质，即遵纪守法、尊师敬业、勤学研练、内外兼修、德才兼备，以继承和发扬中华传统武学文化为己任，弘扬民族精神，增进人民健康，为祖国争光，为人民造福，做有理想、有道德、有文化、有纪律、有觉悟、有智慧、有才能、有爱心的新一代武术人才。

现在我们大家习武的时候都非常重视武德，因为我们有了武德，好的功夫才会更好。

（二）拳之感悟

有人曾问，什么是“拳”？招招势势，无处不拳；行住坐卧，无拳不学；拳内藏权，无刻不练；千真万术，无不拳也。武学里有“拳法、拳学、拳术”之名；理法上有“练拳、解拳、用拳”之称；手卷曲有“拳心、拳背、拳面”之分；十三势有“ 掤、捋、挤、按、采、挒、肘、靠、进、退、顾、盼、定”之诀；习练时有“阴拳、阳拳、隐拳、显拳”之妙；运用上有“明劲、暗劲、听劲、化劲”之法；修炼中有“实拳、虚拳、空拳、无拳”之道。

一个完整的套路，从起式到收式，无招不拳。所以，拳家们常说，“拳”者，“权”也。拳之动作，千变万化；拳内使权，奥妙无穷。关于十三势我还是给大家做几个动作比较好些。对于这十三个动作，掤是掤在两臂，捋是捋在手中，挤是挤在手背，按是按在腰部，采是采在十指，挒是挒在两肱，肘是肘在屈指，靠是指两肩向外送，进、退、顾、盼、定就是指我们要眼观六路，耳听八方。太极拳动作有前进的，有后退的，有左边的，有右边的，还有来回动的。关于十三势我们可以稍微了解一下，现在我们继续往下讲。

（三）内家拳与外家拳简介

外家拳包括少林罗汉拳、岳家拳、大小洪拳、通背拳、查拳、华拳、梅花拳、六合拳、花拳、迷踪拳等。内家拳包括形意拳 、心意拳、六合八法拳、八卦拳、太极拳、神门太极拳等。各种拳种因为立论不同，所以各有千秋。从武术至武功到武道，各有侧重，大家互相学习、交流、探讨，共同提高。在武功中有内功、外功之分，用硬功、软功之妙。运用时千变万化，各有所长，进入武道则万法归一。

我们民间有这样一句话：“少林寺是练外家拳的，武当是练内家拳的。”实际上少林和武当各有其特点，也不一定说少林就是练外家拳的。外家拳中像大小洪拳、通背拳都是民间的拳法，还有查拳、华拳、梅花拳、六合拳、花拳、迷踪拳等。总的来说这几个拳，迷踪拳较容易些。关于内家拳，形意拳、八卦拳、太极拳基本上代表了内家拳。关于内家拳与外家拳的区别，在武学里有这样一句话：“内练一口气，外练筋骨皮”，也就是说它们的区别在于练气和练筋骨皮中以何为重。实际上，练到一定境界就没有了内家拳与外家拳之分了。多练丹田气，没有丹田气则达不到武功，也达不到内外结合。武道的境界，炼精化气、炼气化神、炼神还虚、练虚合道等，修炼的都是上乘的内功。

（四）太极拳的发展简介

关于太极拳的发展，我们中的很多同学都知道，中国有武当太极拳、陈氏太极拳、杨氏太极拳、吴式太极拳、武式太极拳、孙式太极拳、混元太极拳等。武当太极拳由张三丰所创，据说他在少年时期修炼少林寺内家拳法，后来到了武当山创立武当派，创编武当太极拳，流传至今。陈氏太极拳为陈王廷祖师晚年依据祖传之拳术，博采众家之精华而创编。杨氏太极拳则是杨露禅祖师学了陈氏太极拳后，为了便于养生，又研究了武当太极拳而创编的。吴式、武式、孙式、混元太极拳等都是在武当、陈氏、杨氏太极拳的基础上发展起来的。可以说是百花齐放，各有千秋。

二、混元太极拳的起源与发展

（一）为什么要创编混元太极拳

大家会问中国有这么多的太极拳，为什么还要创编混元太极拳呢？现在很多人都在问这件事。实际上呢，混元太极拳不只是我们现在练习的太极拳，也不像我们在公园里看到的套路太极拳，混元太极拳主要以练内功为主，也就是我们所说的丹田内气。混元太极拳最近产生了很多门派，包括武当混元太极拳、陈氏混元太极拳、陈氏心意混元太极拳、杨氏混元太极拳、吴式混元太极拳等。大家，也包括我在内，都在研究什么是混元太极。我在小的时候，练习的是陈氏太极拳。当时我的师父告诉我："太极若能练到混元太极才叫真太极。"当时的我并不懂什么叫混元太极。那时我们的师父年岁已高，他带领我们练习太极拳是在一个老的八仙桌上，要求我们练的时候不能低头，身体要正，腰胯要开立，以此练习我们的丹田。那么混元太极在哪里？怎样更深刻地了解混元太极？同学们，从现在起，大家还要进一步研究。

真正的"混元太极"是建立在传统"混元"理论的基础上。"混元"不是我的，也不是我师父的，"混元"已经有两千多年历史了。它源于道家、儒家、佛家、武学、医学、哲学及现代科学等诸家文化思想，并且汲取了古今多家拳法之精、功法之髓、修炼之诀，是经过深入挖掘、系统整理及多年实践运作而成的。混元太极拳不仅仅是一套拳，它把传统文化与现代文化结合在一起来研究人体生命科学，指导人们通过科学锻炼促进身心健康。

（二）混元太极拳借鉴传统太极拳之精髓

混元太极拳借鉴了"武当太极内丹功"。武当太极拳是张三丰祖师爷创造的，我们都看过李连杰老师演的《太极张三丰》。张三丰祖师不仅创立了武当太极拳，他还创立了内丹功。最近看的一本书里记载，张三丰祖师能日行千里，这也应该是夸张的说法，但足以说明当时张三丰祖师武功是相当高的，这个练的就是内功。就我们所说的武术内家派，他就是个典型的代表，我们现在的混元太极拳就是借鉴他的。混元太极拳从起式就是丹田画圆，不管每一个动作，手法也好，功法也好，首先是丹田画圆，就是丹田气开始内转了以后才能练，丹田气不转，武功不走。混元太极拳的动作比较慢，就与丹田气有关系。

第二个就是借鉴了陈氏太极拳的缠丝劲，缠丝劲是陈氏太极拳的主要特点。此外还借鉴了杨氏太极拳的松柔劲。有人说杨氏太极拳是借鉴陈氏太极拳，但两拳法的拳谱并不一样。然而，杨氏太极拳与武当太极拳的拳谱却有些相似。杨氏太极拳以高架为主，以前的小架就变成低式了。我们现在的全民健身都是以高架为主。现在杨氏太极拳在全世界的发展要比陈氏太极拳广泛一些。陈氏太极拳动静有力、有功夫，杨氏太极拳松、柔，如搂膝拗步就是慢慢推出去。混元太极拳比杨氏太极拳还要慢，因为它主要是用气，这就是混元太极拳在吸收了其他太极拳的精华后所拥有的自己的特点。

混元太极拳还借鉴了“少林易经、洗髓内功”等心法，合成混元一家。达摩祖师在印度得道后东渡到中国来传法，他带过来三本经书，分别是《易筋经》《一本经》《洗髓经》。《易筋经》分外经十二式和内经十二式，外经十二式在外部已经传开，内经十二式在内部也有传播。但《一本经》和《洗髓经》在目前还没有发现，虽然也有传少林寺有生抄本。为什么叫洗髓？实际上洗髓指的就是内功的精髓。达摩祖师把这三本经书带到中国来，对中国武术太极健身的发展起到了很大的作用。混元太极拳以养生为主。为什么以养生为主呢？我在二十多年以前就有一个感觉，以后中国将面临老龄化。随着中国物质条件的提高，中国人肯定会越来越长寿。因此，老年人人数也会稳步上升。所以我在和我师父们商量创编太极拳的时候，就是考虑到我们国家的发展，即所编太极拳要以健身养生为主，以延年益寿为主，这就是我们混元太极特有的文化。混元太极还有一个特点，它有“混元太极拳”“混元太极功”“混元太极道”等三个层次。但这三个层次下面还有一些小层次，例如，“混元太极拳”里面有器械，“混元太极功”里面有太极球，“混元太极道”里面有坐功、卧功等。这些使它们变成了一个修炼整体，从武术到武功再到武道。

另外，混元太极拳还有一个特点，它的拳谱每一式的名称都是四个字，这些拳谱是我在少林寺十八年，加上在洞里修炼这几年最大的收获。例如“拨云见日”，我在创编“拨云见日”的时候在想，以后的武学家们、拳家们会不会骂我，什么叫“拨云见日”？我反复地在想这个问题。它就是告诉你，你要是练混元太极拳必须要有“拨云见日”，这个“拨云见日”就是我们传统太极拳里的“单鞭”，但是它的这个动作是把我们国家传统的太极拳和现代太极拳的这两个动作合一了。在十多年以后，我在听一位台湾佛家大师讲《金刚经》的时候说：“拨云就是见日，见日就一定要拨云。”那时我突然醒悟，我在洞里那么多年没有白待，没有他这样一句话，我可能永远都在问自己，我为什么要编这个四字拳谱，依据是什么？是四个字好听呢，还是你自己在接纳你自己？现在几十年过去了，发现这样是对的，等我们修炼到一定境界的时候，即等我们形与意相合的时候，把动与静合一的时候，练到自己从有形到无形、从无形到有形的时候，会发现原来中国文化这么博大精深。我相信很多年前，古人在造字的时候可能就有这种体会。关于拳谱，说句心里话，它里面太奥妙了，通过几十年的修炼，把我自己和这个过程合道在这个拳谱里面。混元太极拳这里面不仅每个动作都是四个字，而且每个动作都是有左有右的，而传统太极拳，它只有右揽雀尾，没有左揽雀尾。

实际上，练习混元太极拳对于年轻人来讲没有太大的感触，因为年轻人身体都很健壮，无论是练套路的还是练散打的，一天到晚都有使不完的劲。从我的感受来讲，一般在四十五岁以后，会感触特别深。在这个年龄，如果压力太大的话，晚上常会失眠，如果失眠过重的话，将会导致神经系统紊乱。混元太极拳为什么有用呢？它主要是调节我们的身体内平衡。我的师爷师父们都是各式太极拳的高手，而我则是无名小辈，我自幼很是笨拙，但我的师父们发现我有个特点，就是努力，在别人睡觉的时候，我一个人努力练习。师父还告诉我，如果以后我有机会的话，一定要向混元太极拳发展。我就问我师父，究竟什么是“混元”？师父回答：“当你练到与师父合一的时候就是混元，你练到一定状态时感觉到师父就在你心中，此时内心达到一种和谐。”我们说太极拳的左右动作平衡会达到心理平衡，之后会达到气血平衡，气血平衡了我们也就不会生那么多的病。在你极度紧张的时候，易导致神经系统紊乱，神经系统紊乱会导致内分泌失调，进而导致免疫力下降，当免疫力下降到极点时就会出现各种病。混元太极拳可以让你放松下来，可以帮你调整身体内平衡，身体内平衡了，也就健康了。

混元太极拳十大要领

一、虚灵顶劲气沉田　二、含胸拔背意内敛

三、沉肩坠肘松筋骨　四、松腰开窍旋之足

五、以意引气缠丝劲　六、分清虚实调阴阳

七、上下相随内外合　八、松慢圆匀粘连黏

九、招势相连法万千　十、动中求静道自然

传统太极拳的要领就是“虚灵顶劲”“含胸拔背”“沉肩坠肘”……，像陈氏太极拳、杨氏太极拳之前只有几百字，现在被武术家写出来有几千字。《混元太极拳》这本书达到了数万字，因为这本书比较严谨。我们讲“虚灵顶劲”，“虚”是“虚灵”，“灵”是“灵敏”，“顶劲”就是把自己轻轻地拉起。怎么算拉起来？就是与上面的时空相合。相合后就开始往下走，达到气沉丹田、落地生根，这就是混元太极拳的特点。那怎么样气沉丹田、落地生根？这与我们传统功法里面的通中气有关系。为什么人着急了容易上火呢？上火是由于气有余造成的，气没有到下丹田。混元太极拳特别重视下丹田的训练，因为无论是练套路还是散打，如果只注重快，不会放松，将不会取得好的效果。

混元太极拳十大理论

拳之论 精之论 气之论 神之论 心之论

意之论 理之论 情之论 招之论 道之论

混元太极拳还有十大理论，这十大理论，传统太极拳也有。传统太极拳里有情论和景论，我把情论和景论放在一起了（合为情论），后面这个道论是我们自己的。因为混元太极拳有三个层次，分别是混元太极拳、混元太极功和混元太极道。当我们练到“道”这个层次就会深有体会。

混元太极拳十八要诀

旋之于足 行之于腿 纵之于膝 松活于腰 灵通于脊 神贯于顶

流行于气 开之于窍 外合于内 练之于骨 敛之于髓 融之于脏

息之于心 呼吸于田 往来于体 精化于气 凝神于虚 脱换于道

“旋之于足，行之于腿，纵之于膝，松活于腰，灵通于脊，神贯于顶”，前面这六点是一个整体，从足到膝到腰再到顶，混元太极拳功夫在脚下，重点在神贯于顶。

混元太极拳内功十二层

存心凝神 凝神聚津 聚津成精 炼精化气 运行周天 炼气化神

百脉皆通 炼神还虚 人天混融 炼虚还道 天人合一 返璞归真

内功十二层，我们可以简单了解一下，我们传统功法里有炼精化气、炼气化神、炼神还虚、炼虚还道。这点从我们整个武学里来讲，如炼精化气，当我们到五十岁以后就会感觉到精气不足，但你若练习一段时间的混元太极拳就会发现，丹田会慢慢地鼓起，这就是丹田气，再向后练是命门、两肾，将丹田气运到两肾，这时你会感到身体受益了。当太极拳练到一定境界时，就不能用科学来解释了，这时就需要用哲学来解释。

三、 什么是混元

混元具有以下六个释义：

（1）“混元”一词历史悠久，原为内丹术术语，即“丹田”的异名。

（2）古人认为，虚空是一个大宇宙，天地上下距离八万四千里，上面三万六千里称为天气，下面三万六千里称地气，中间一万二千里，称天地“混元”。

（3）人体是一个小宇宙，心肾距离八寸四，心距混元三寸六，心气连接天，肾距混元三寸六，肾气连接地，中间一寸二，称人体“混元”。

（4）中国崂山的混元石，据说有上亿年。

（5）据说上古有道祖混元派和太上混元派，它们都是道家的重要门派。

“混元”这两个字不但有几千年的历史，而且在崂山景区里面还有这样一个文物。我在创编混元太极拳的时候就曾去崂山考察过两次。当然以上的文字都是概括性的，实际上，人同宇宙和天地都是相符的，这是我们古人在修炼的时候体会出来的。正如这首诗所写：“混元一气吾道成，道成莫外五真形，真形内藏真精神，神藏气内丹道成……”，这是道家的一位大师写的。这告诉我们，我们练到混元气的时候，下面有能量的时候，要练混元太极。

四、什么是太极

“宇宙是一个大人身，人身是一个小宇宙”“万物各具一太极，人体处处皆太极”。太极从字义上讲，“太”字原为大，而“极”就是至高、至上之意。《易乾》上讲“大哉乾元，万物资始”，意思就是说“大”是世上万物形成之前的乾元之境。后来，当人们为表示比“大”更广、更深之境时，就在“大”字底下又加了一点，成为“太”，意为无边无际、无穷无尽。把“太”“极”二字合起来，就是无时不在、无时不有、无始无终之意。“太极”，是宇宙万物本体的代名词，是生成天地万物的本源。正所谓造万物者，天地也，造天地者，太极也。

太极本无极，故又名“太虚”。“虚”者，空虚无物之意，理气未分，混沌一体。太极言无极者，是指太虚流行之气中主宰之“理”；太虚言太极者，是指太虚主宰之理中流行之“气”。太虚为空空之境，真气所充，神明之府。真气精微无运不至，故主生化之本始，运气之真元。太极乘气动而生阳，静而升阴，这就是太极的阴阳之理。诗曰：“无极太虚气中理，太极太虚理中气；乘气动静生阴阳，阴阳之分为天地。未有天地气生形，已有天地形寓气；从形究气曰阴阳，即气观理曰太极。”这首诗包括了我们整个太极文化，也包括了整个太极的传路，也将太极从套路到技击再到养生整个包括在内。太极文化也是阴阳文化，可以让人体保持平衡、和谐。

五、混元太极立论于混元气

混元太极一个非常重要的特点是立论于混元气。混元气不是我们讲的气功。什么叫混元气？两种或两种以上的物质混合而成的气叫混元气，也就是人的意念，同某个部位相合了，里面产生一种热量、能量。例如，一座漂亮的房子，它是由一块块砖建成的，砖是由土、水混合而成。混元气是由原始混元气、万事万物混元气、人体混元气构成。人体混元气有躯体混元气、脏体混元气、神经混元气。躯体混元气就是我们平时练的丹田气，脏体混元气就是我们控制的情绪，神经混元气是调节我们神经紧张度的。

道祖混元派的传承谱系为：“混元乾坤祖，天地日月星，三教诸圣师，金木水火土，鸿蒙判阴阳，太极比河图，仁义礼智信，生老病死苦。”道族混元派是道家的门派之一，我师父的一个大弟子就是混元太极的真正传人。对于混元太极的研究就算很努力也不一定就能在很短的时间内完成，也许我们这辈不能完成，但是我们有徒弟、徒孙，一代代传下去，总会有完成的一天。人是由气化成，万事万物都是由气化成，但是这个没办法研究，也不能多说，等到大家有体悟了、有感悟了，也就了解了。

六、混元太极系列教学内容

（一）混元太极拳

混元太极拳有八式混元太极拳、十二式混元太极拳、十六式混元太极拳、二十式混元太极拳、二十八式混元太极拳、三十六式混元太极拳、四十六式混元太极拳、六十四式混元太极拳、九十九式混元太极拳、一百二十八式混元太极拳等。

这里有十套拳，从八式到一百二十八式，为什么有那么多呢？八式就是八个基本招式，从八式到十六式这是一个整体。无极生太极，太极生两仪，两仪生四象，四象生八卦。八式里有两个动作，传统太极拳称“揽雀尾”和“单鞭”。我的师父们练这两个动作练了半年，半年后开始学新的动作，所以他们的功夫达到了很高的境界。我们民间有很多武术高手，他们练得确实不错，但是他们欠缺文化知识，导致很多拳术继承困难。

上面这十套拳，练多久都行，每天一个小时、两个小时，我以前在练的时候，一个晚上练五六个小时。二十式到三十六式是一个整体，其中二十式主要以表演为主，三十六式以养生为主。后面四十六式到六十四式是比赛套路，有规定的比赛动作，如云手、单鞭、倒卷肱、揽雀尾、白鹤亮翅等。九十九式叫九九归一，一个完整的混元太极拳到这里就结束了。为什么还有一百二十八式呢？因为我们要有始有终，无极生太极，太极生两仪，两仪生四象，四象生八卦，八卦生八八六十四卦，六十四卦一正一反正好是一百二十八式，这就是混元太极拳的拳谱。

（二）混元太极坐功

混元太极坐功包括自然坐、直腿坐、跪坐、单盘坐、双盘坐等。等大家练到一定境界时，练武术的同学，可以选择练坐功。我们常在电影里看一些演员，他们很多都不会双盘坐，一些武术家也做不到，如果我们同学以后达到很高境界就可以练习坐功。这个主要是练习丹田气，将丹田气运到脊柱，就会得到很大的收益。

（三）混元太极卧功

我们常说：“左睡金刚，右睡佛。”一般我们看到寺院里的佛都是卧向右边，金刚身体都是卧向左边，另外还有平躺的。混元放松法，站、坐、卧姿均可练，如果我们把它当作睡功来练，就可称为“卧功”。

七、怎样练好混元太极拳——拿住丹田练内功

（一）丹田的作用

（1）去掉寒气，把全身散乱的气收回丹田。武功里有五丹田之说（上丹田、中丹田、下丹田、前丹田、后丹田）。就混元太极理论来讲，还有外丹田（五心）。有人说下丹田站着练，那么上丹田怎么练？上丹田应该倒过来练，就是把气凝聚到百会穴。武功里有这样一句话：“运气到骸底，重如泰山；运气到顶门，轻如鹅毛。”要练丹田气，有两个条件。第一，去掉寒气，在座的都有体会，在早晨空腹的时候，我们平躺在床上，两手背相对，呼气时插到肚脐，如果里面有疼痛，说明里面有寒气，不痛就说明没有寒气。如果我们反复地将手背相对插到肚脐，呼气时插下去，吸气时抬起，反复地做，很快寒气就会出来。第二，我们要注意的是把全身散乱的气收回丹田，无论是练套路还是散打，如果你想将功夫练到很高的境界，就必须将三元合一。什么叫“三元合一”？就是闭上眼睛能看到前面，耳朵能听到前面。大家体会一下把浑身散乱的气归到丹田，就是我们运气到丹田的时候，能将人体的气变成一个整体，当再运出来的时候，就是一种无限的能量。

（2）拳家云：“有气则有田，有田能还丹。”又云，“拿住丹田练内功，哼哈二气妙无穷。”即练到“全身无处不丹田”的境界，才是真正的人身丹田。

（二）丹田的位置

（1）关于下丹田，前有肚脐，后有命门，下有会阴在腹腔的中心。传统功法里对下丹田的位置有不同的说法，有说肚脐下一寸三分的，有说肚脐下一寸五分的，也有讲肚脐下三寸的。实际上，是关元、石门和气海这三个穴位。一般情况下，丹田气起来时，会感觉热气腾腾的，像蒸馒头一样，我们就会体会到下丹田的存在。我们经常提到混元太极讲的炼精化气，我觉得对于我们在座的同学来说，如果你练到炼精化气的境界，这对你的比赛肯定会有帮助。

（2）我们再来说中丹田，中丹田前有膻中，后有身柱，两侧腋下有大包在胸腔里面，这很关键。中丹田的关键是练五脏，就是我们能把五脏的气存在丹田内，不外散。我们说上火，就是由于五脏的气不和谐。如果练中丹田的话，就是慢慢把呼吸器官打开。在硬气功里面练枪刺喉的人，就是把喉结打开，我们练的胸腔碎石，是把胸腔打开。而且练中丹田对我们的健康也有不少好处，比如当我们年龄大了的时候驼背的可能性较小。另外，我们也锻炼了气量，正如古人所说，气量大了能胸怀天地。所以等整个心胸都打开了，五脏六腑练好了，就是道家所说的“练六通”。

（3）上丹田在两眉之间。上丹田能使人的精力集中，我们在上学的时候，经常会在老师讲课的时候做一些小动作，这个时候就是我们跑神了，但如果经常练上丹田气将会使我们的注意力更加集中。

（三）混元太极拳特别重视脊柱的习练

现代医学认为，脊柱是人体重要器官之一，它由颈椎、胸椎、腰椎、骶椎、尾椎五个部分组成。如果脊柱哪部分有病，则会影响到身体器官，所以说脊柱不正乃百病之源。锻炼脊柱有很多方法，金鸡抖翅（混元一气），既是松筋松骨、强身健体的好方法，又是提高速度、攻防并用的好招式。游龙戏凤（心肾相交）、气过三关（尾闾关、夹脊关、玉枕关）等都是练习脊柱的好方法。

八、共同努力，展望未来

对事物的正确认识，往往需要经过由实践到认识，再由认识到实践的多次反复才能够完成。人类需要不断总结经验，才能有所发现，有所发展，有所创造，

有所前进。中国有五千年的传统文化，源远流长，对宇宙和生命的认识有着不同于西方的独特见解。混元太极拳理论汲取了传统太极拳的精髓，认为万事万物的最基本组成是原始的混元气，它是一种无形无象的能量、信息、物质。因此，宇宙的各种自然运动（包括生命运动），都在原始混元气的基础上，有着统一的运化规律和密不可分的相互联系。今天，在迎接生命科学新世纪的曙光中，我们作为中华儿女更要重视对传统文化遗产的挖掘和整理。混元太极拳自创编以来，先后在俄罗斯、新西兰、意大利等国家，以及中国香港、台湾、湖南、河南、浙江、北京、天津、山东等地区进行了小范围的教学，深受太极拳和健身爱好者的喜爱。特别是《混元太极拳入门》《混元太极拳健身养生》出版发行后，越来越多的人感到混元太极功法（拳法）和理论是当代健身养生的好方法，应该进一步推广，让更多人受益，并且为体育、健身、养生事业奉献微薄之力。

武术点滴之我见

主讲：姜周存　　整理：赵景磊

姜周存，教授，硕士生导师；自幼随伯父姜玉坤习大洪拳；1973年考入山东师范学院（现山东师范大学）体育系，师承周永祥、周永福，1975年毕业留校任教；曾任山东师范大学体育学院民族传统体育系主任，培养出了数十名武术博士生，桃李满天下；现任中国体育科学学会总会会员，山东省武术协会常务委员；系中国武术八段，鸳鸯门第二代掌门人。

各位领导、老师、同学们，大家上午好，很高兴能来到北京体育大学跟大家一起交流。参加武学讲坛对我来说是一次很好的学习机会，北京体育大学是全国首屈一指的体育学府，这里有很多老师都是武林高手，有很多同学也都是参加过全国比赛，拿过冠军的，在座各位的水平是相当高的。因此，能在这个讲坛上跟老师们、同学们进行交流是我的荣幸。

我从小练武，1975 年从山东师范学院毕业以后就从事武术的教学和训练工作，几十年来，风雨无阻，练功不辍，在这个过程中，自己也有了一些对于武术的体会和想法。我今天就“武术点滴之我见”谈谈自己的看法。第一，讲一下“套路创编的原则和心得”；第二，讲一下“大练小为用，技击为根本”；第三，讲一下“理论联系实际，实践出真知”；第四，讲一下我习武多年总结出来的“习武八字诀”。

一、套路创编的原则和心得

（一）武术有着丰富的套路体系

套路是编出来的，功夫是练出来的。我有两位老师，一位是周永祥老师，现在已经过世了；另一位是周永福老师，现年 100 岁，住在青岛，原来是山东队的武术总教练，从事专业训练三十多年。周永福老师经常教导我们：“套路是编的，所有的套路，都是人编出来的，但是功夫，是你自己练出来的。”也就是说，同样的套路，不同水平的人去练，练出来的结果是不一样的。凡是套路都是先前的大师所创编的，武术经过千百年的发展到现在，不同的人来习练这些套路，练出来的水平却参差不齐，也就是说，武术不分套路的好坏，只分功夫的高低。曾经在中央国术馆，有一位老师在写座右铭的时候，写了一个“练”字，也就是说，功夫是练出来的，如果你不练，说得再好那也只是纸上谈兵，功夫只有通过常年的苦练才能学有所成。1983—1986 年，全国进行了武术的挖掘整理工作。当时拳理比较明晰、风格比较独特、自成体系的武术拳种有 129 个，后来又添加了两个，分别是“木兰拳”和“少北拳”，现在一共是 131 个。当然可能还有更多拳种。当时全国 129 个拳种，山东占有其中的 79 个，所以说山东是一个武术大省，特别是菏泽，习武的人特别多。

（二）武术套路创编的三个原则

因为套路是创编的，我认为套路的创编要坚持三个原则：一要懂技击；二要寻特点；三要明力学。

第一个原则是必须具有技击性，没有技击性的那叫体操、健美操、广播操。因为武术最原始的时候，就是以最快的速度、最短的距离、最佳的时机和最有效的方法克敌制胜的一种手段。过去常讲“文能安邦，武能定国”，过去武将的选拔，首先就是要看你武术如何，你治人的能力如何。你是练武的，结果一交手就让人打趴下了，那肯定不行。过去讲练武要达到炉火纯青，你必须一步步向它靠近，一步步地晋升。我自己曾编过一段话：“两强相遇不服气，先来单巧把技比。假如还是不服气，再来交手把技比。假如交手倒在地，看你服气不服气。”意思是说两个人相互不服气，那就先演练套路比较，假如还是不服气，那就要相互交手，一交手就会有一方被打倒在地，那肯定就分出胜负了。

上面说的比高低，比的是你的武艺，而武德越高你的功夫就会越高。现在国家要有核武器，你没核武器别人就会欺负你，但核武器的使用要有条约。一样的道理，你的武功越高，你的武德就要越高，否则你出手伤人、出手毙命那就不行了。但武德是建立在武的基础上，武都没有那德就是空的。如果要讲德，其他都可以讲德，治国要讲德，理家要讲德。评价武术的高低，过去来讲，就是要比，通过比试来看你武功如何。如果你有精湛的技艺，在某些方面你不动手就可以压制对手；如果对手看到你软弱可欺，他就会寻衅滋事。这就是武的威力。

我刚才讲的这些是为了证明武术套路的创编必须要具有技击性，但随着社会的发展，人们生活水平的提高，人们开始偏重于武术的健身性，这就是现在练太极拳的人数众多的原因。很多人练太极拳是为了健身，为了表演。这只能说人们对于武术的取舍和需求不同，但武术必须要具备技击性，就包括我们国家现在发展的散打。武术散打现在体现的大都是武术的“打、踢、摔”的技法，“拿”是不允许的，而且裆部、后脑、眼睛、咽喉这些都是不允许击打的，散打已经被纳入了体育的范畴，是为了安全才有一定的规范和限制。过去的武术讲究的是一招制敌，但武术中的弹踢在现在比赛中已经用得很少了，这是受到了规则的限制，因为弹踢容易击打到裆部。弹踢慢慢地演变成了现在的运动员更多会使用的侧弹踢，也就是鞭腿，通常会用鞭腿击打对手的肋部。

我要讲的套路创编的第二个原则就是要遵循人体的生理解剖特点和心理特点，如果不符合这些特点，那么你编出来的套路是不能达到强身健体的效果的，可能还有反作用。衡量创编的套路好坏，以什么为基准？我认为一个是实用，另一个就是好看。实用指的是具有技击性，好看指的是具有观赏性。如果只是实用，但打得歪七扭八，我想大家很难会喜欢的，当然实用是第一位的，然后还要好看。下边还有一句话即“健身还怡情”，健身即强身健体，一练套路就生病肯定没人练，再就是怡情，即陶冶情操，练的时间一长，使你的世界观和人生观都产生变化。这几个方面都具备了，才是最好的套路。

第三个原则是要符合力学原理，实际上武术的运动就是力学的运动。我曾经发表过一篇论文，其中就借鉴了力学的很多名词。武术中的散手、推手中技术的运用都是符合力学原理的。比如，你打拳的时候，我在前面顺势一捋，这动作叫“顺手牵羊”；在人的背后顺势一推，这叫作“顺水推舟”。这种自我力的方向和对方力的方向一致，就能达到“四两拨千斤”的效果。传统的套路具有一定的弊端，但现在鸳鸯门所发扬的套路可以说有百分之九十九的动作都是顺力的。举一个例子，一个拳从上方劈打下来，从传统来说，我们会选择用架打的方式来抵挡，但这种方式有它的弊端，如果对方用的是一百公斤的力，你想架住就必须要用超过一百公斤的力，否则就要被砸中。再举一个例子，从贯拳来说，一百公斤力量的贯拳侧向击打过来，如果想格挡住，就必须用超过一百公斤的力量来对抗，否则就难以招架。但用鸳鸯门的功夫，就是顺着贯拳要去的方向，顺势一捋，这就达到了一个“四两拨千斤”、小力胜大力的效果。这些是真正的功夫，需要长年累月的训练才能达到这样的效果，也就是说，成材的时间比较慢。再说踢腿，现在我们鸳鸯门，对于踢腿的接腿方式有了很大的改变，以前的比赛和教学中对于鞭腿的接腿方式，都是直接用双臂去抄抱，现在鸳鸯门的抱腿方式是从下往上抄，顺势将对方摔倒。

（三）武术套路创编的心得

1. 武术与奥运会

现在的竞技武术申请进入奥运会没有成功，从一个方面来说，如果成功成为奥运会项目对武术发展是一件大好事，但是从另一个方面来说没成功也是一件好事。为什么这么说呢？奥运会口号是“更快、更高、更强”，而武术恰恰在某些方面和奥运会口号是相悖的，比如说太极拳，它讲究以慢制快，以柔克刚，以小劲治大劲，又叫作“四两拨千斤”。因此，奥运会的口号在某些方面对发展武术是不利的，如果进了奥运会，就要完全按照目前人们所看到的样子来发展，即追求高、难、美。我们比较来说，武术如果比翻腾动作翻不过体操，如果比难度难不过杂技，但是武术以技击为根本，如果丢了技击而往体操方面去发展，就会把我们的武术引入一个歧途。

2. 传统武术的门派之争和嫡传问题

武术在几千年的发展中存在着门派之争，门派从一个方面来说有不利因素，但是从另一个方面来说它也有利。由于门派之争，才出现了内容丰富、多姿多彩的武术，而且各派都形成了自己鲜明的特点。过去传统的套路中有许多精华，同样也有糟粕的地方，我们要继承精华去除糟粕。我们要在继承的基础上进行创造，世界上所有的事物都是在变化的，都在发展中，不可能一成不变。武术也是这样，如果一成不变，只是停留在过去的模式，那是不可行的。而一个很关键的问题是，我们该如何继承它的精华，去除它的糟粕。

现在有很多人认为传统武术没有用，只是在练练套路、健健身而已，我认为这是一种不全面的观点，如果你没有认真练过传统武术，你就不能下结论说传统武术没有用。以前武术讲究以武服人。我们曾做过公开讨论，有些人说：“我们追求最高境界，练武的最高境界是德。”当然德是武的重要组成部分，以德为先是肯定的，但如果你武都没有，哪里来的德？武德的前提是武，所以必须要每天坚持练武，尤其是专业院校出来的老师。再就是运动员，运动员在训练期间，坚持每天训练，保持良好的竞技状态，但退役以后是否还在坚持练功？说实话，坚持练的人并不多。所以说功夫是练出来的，你勤加练习就出成绩，不练习就会退步。要天天勤加练习，达到拳不离手，这是一种敬业精神，如果没有这种敬业精神，只是为了教学，或者为了其他，那就不是真正的武术。现在很多人只是为了评职称、当教授，写文章时东拼西凑，没有真正的精钻细研，搞武术的要从上往下细细钻研。现在很多人在讲武术哲学、武术美学、武术传播学等，我们并不是说它不好，但现在来看，真正研究武术的，并不是这样。所研究的武术理论在现在不过时，将来也不过时，即使是几百年、一千年以后都还有指导意义，这才是真的武术理论，而不是昙花一现。

接下来我要讲一下嫡传的问题，目前社会上存在一种现象，就是人们认为越老的越好，越是嫡传的越好。这个不可否认，假如你的上辈是某个宗师，你对武术又十分挚爱，而且身体素质好，悟性又极高，他把武术技艺传授给你，你能够发扬光大，这当然是好事。但是从另一个方面来说，过去讲传男不传女，教内不教外。过去的武术传习，女的不教，因为女的要出嫁，学会了也带到别人家去了。从选材这一方面来讲，过去你下边的后人几十个，你只能在这几十个人中选拔人才，但现在我们可以从全国千百万人中选材，就像选拔奥运会冠军，我们从全国选材，那么成功的概率就大了很多。所以说单纯地认为越是嫡传的越好、越老的越好的观点是片面的。

有些人对以前传下来的东西一点也不敢改动，实际上应该有所改动才对。假如说一位大师创编了一个十分优秀的套路，这位大师用百分之百的态度把套路传给他的弟子们，即使他的弟子有百分之九十九的概率来接受，那么第二代宗师也是以百分之九十九的概率去传授，第三代也是，第四代也是，那么到了一百代的时候会成为什么样呢？所以说即使是想完全传承下来，没有改动也是不可能的。所以说要想发展，就必须在继承的基础上进行创造。当然前提是有继承，如果一开始没有继承就想去创造，那是不可能的。然后在这个基础上进行创编，这样武术才能有生命力。假如说我继承了百分之八十或者百分之九十，我又创编了一部分，这样武术才有发展。

二、大练小为用，技击为根本

我们再说一下推手，一般人理解推手就只是用推，我理解的推手中包含的是踢、打、摔、拿、推的全部技法。也就是说，我需要用推的时候我就要推，我需要用拿的时候我就用拿，当我需要踢的时候我就可以直接去踢，该用打的时候就要打，该用摔的时候就直接去摔，也就是说踢、打、摔、拿、推这些技法要相互融合，合理而全面地运用。把功夫练好以后达到的一个效果就是，碰上练拳击的我可以用拳击的方法来打败他，遇上练摔跤的我也可以用摔的功夫来制服他，碰上练八卦掌的我也有制服他的手段，碰上练形意拳的我同样能够打败他，各式各样的功夫我都有制服他的手段。过去练武的没有说你是练太极拳的，我不跟你交手，我不是练八卦掌的不能跟你打，这都不行。练功夫在初级阶段是这样的，可能只会一种功夫，当达到了高级的阶段，无论是形意拳、太极掌、八卦拳、螳螂拳等这些功夫都是相通的，练成后是能够应付任何功夫的。

武术中所有的动作都是有用的，竞技套路也是，有衔接分，有难度分。举例说，抱拳的动作是一个“单峰贯耳”，抱拳是为了不给对手架拳的时机。武术的任何动作都有攻击性，身体的任何部位都可以打人。实际上，当你练到一定的阶段时，你能体会到眉头可以打人，下巴也可以打人，脸也可以打人，腹也可以打人，肋也可以打人，感觉全身都是手。当体会了这些，你才能更深刻地了解武术。

武术要用得巧妙，过去说武术要讲“劲”而不是讲“力”，“四两拨千斤”实际上讲的是巧劲。“四两拨千斤”不是传说，但是要想“四两拨千斤”，必须具备千斤力，假如只有四两力，焉能四两拨千斤？假如你只有四两劲，那没有用，肯定会被千斤重压坏的。这个怎么理解？“四两拨千斤”是以小力胜大力，但要预备发出千斤力的能力，为了省力，我不用千斤的力就可以，我以小劲来对抗你。但是一旦找到对方的破绽，就可以瞬间用千斤力把对方制服。

三、理论联系实际，实践出真知

现在很多人练武术是为了评职称、当教授，讲什么武术的逻辑学、文化学等。从文化这一块儿来讲武术是很好的，但实际上武术是一种体育文化，是一种技击文化，这才是它的根本，是它的核心。比方说你整天研究杯子文化、茶文化，但实际上杯子你都没有，你研究的是什么杯子文化？茶你都没有，你研究的是什么茶文化？所以说研究武术的你武术基本功都不会，你研究的是什么武术文化？那就是你在骗人了。因此，练武术的就要专门研究武术，实实在在、认认真真地去研究，不要和别的相掺杂，当然可以多学科相互渗透，但主要的是研究武术。现在出现了这样一个情况，教武术的不练武，搞学术的也不练武，那么武术怎么发展？我希望只要你干这一行，就要认真练，刻苦钻研，才能真正有利于武术的发展。

有些人就没有做到这一点。举一个例子，1998 年，我们参加了一个全国性的武术学习班，一个老师讲到太极拳呼吸的时候说一个动作要一呼一吸，他这样说肯定是不行的。我举个例子，有的太极拳动作是由掤、捋、挤、按四个部分组成的，如果这四个部分你只用一吸一呼，还不把人给憋坏了？这就说明他只注重学术研究，而没有进行刻苦的武术学习。太极拳不同动作的呼吸方法是不一样的，一般情况下是一呼一吸，如果有的动作是由四个或更多的部分组成的，你还用一呼一吸的方法是肯定不行的。如果不练习就不会懂得这个原理，所以说理论要联系实际。理论源于实践，你要根据自己常年的练武经验，在其中悟出自己真正的东西，有时候可能对于一个词都需要通过好几年练武才能有所感悟和理解。

我听有些人说我们现在理论不愁，现在很多博士整天写论文，所以不愁理论，但愁套路和实践。我们要确认的一点是，你的理论是真理论还是假理论。真正的理论写一个字都很难，要经过常年的习武总结出来，然后真正地指导实践，知行合一，这才是真正的理论，这样的理论才有利于武术和武术理论的发展。好多研究生跟我说“道生一，一生二，二生三，三生万物”，我问他们这是什么意思，他们却不知道，只是照抄下来，却不深入地去理解，这种理论肯定是不行的。

在1998年的时候，我说过这么一句话，当然这都是我自己的看法也不一定对，我说：“易学易得简，难学难求真。易得而易失，难学而知珍。武道之博大，求彼生而修之。观当今之武德，言过其实者众而有真功专一者寡，多井底之蛙而无远见，纸上谈兵，夸夸其谈，眼高手低，殊不知理源于践而指导践。只有知行合一，理方能为真，为师者不可不变而不知真。”“易学易得简”，就是很容易学会、很容易得到的东西是简单的。“难学难求真”，就是说难学难求的才是真东西、好东西。“易得而易失，难学而知珍”，只有历尽千辛万苦得来的东西，才是好的东西，你也会更加珍惜。过去学一套套路是很难的，要投师、访友都非常难，他们是不轻易教的，所以说求得难，就非常珍惜。“武道之博大，求彼生而修之”，武术博大精深，在武术的练习中能够慢慢体会出来，需要一生修炼。“观当今之武德，言过其实者众而有真功专一者寡，多井底之蛙而无远见，纸上谈兵，夸夸其谈，眼高手低”，眼高手低是人的一种惯病，一看这个不行那个也不行，其实自己也不怎么样，跟别人一比差远了，不堪一击，一交手就输了。“只有知行合一，理方能为真，为师者不可不变而不知真”，我希望不要空谈理论，理论一定要结合实际，创作出的理论对武术以后的发展要有深远的指导意义，做到现在不过时，以后也不过时，而不仅仅只是昙花一现。

四、习武八字诀

我们要讲的第四个要点就是“习武八字诀”。“习武八字诀”是我在常年的教学中总结出来的，也是我从习武的实践中总结出来的，一开始四个字，后来六个字，到现在最终定为八个字。每一个字都经过了我反复的实践推敲，这八个字分别是“德、酷、苦、恒、勤、巧、精、纯”。

第一个字是“德”。过去讲“未曾学艺先学礼”，都把德放在第一位，但这个德说的是入门之前的德，还不是真正的武德，因为这个时候武还没有学呢。如果老是有人说你德行不好，那么师父是不会教的，因为过去徒弟在外面惹了事，师父是有责任的，假如徒弟老惹事，老是有人来找师父，问你是怎么教的徒弟，这说明师父教得不好。一个单位、一个国家都是一样的，首先把德放在第一位，以德为先。

第二个字是“酷”。为什么是酷呢？因为千百年来武术的发展，所有的武术套路都要习武者用毕生的精力去研究。只有你真正的酷爱武术，你才能真正地孜孜以求。没有酷爱、没有兴趣就难以有积极主动性，没有积极主动性就没有行动，没有行动就很难练成。这个“酷”现在来讲也是一种专一性的思想，干一行就要爱一行，既然选择练武术就要爱武术。如果你不酷爱武术，整天三心二意，在这种大环境下肯定是不行的。现在的大环境跟我们那时候是很不一样的。过去的人练武基本上是早上练，上午练，下午练，晚上还要练，一天四练。那时候我练拳，甲组拳、甲组棍一天要练三十几遍，还要包括双手练习、单操练习等。现在一天练三遍的恐怕也不多了吧，所以说这种吃苦精神远不如从前。整个大社会、大环境改变了，社会比较浮躁，假如你只知道练武，人家都赚钱了而你没有，那你心态肯定会受影响。在这里说的酷爱，就是要孜孜以求，特别热爱才可以。

第三个字是“苦”。以前都讲“要练武，不怕苦”，本身练武的过程就是磨炼人的过程，通过练武磨炼你的意志，这也是一种武德的修养。以前常说要发扬艰苦奋斗的精神，你不吃苦能行吗？特别是压腿、耗腿的动作，那必须要吃苦，没有吃苦精神是难以做到的。以前戏班里的小孩儿，师父在后面拿着白蜡杆打，跟头三个月就能过去。以前小孩儿练好功夫是为了什么啊？我们从电视上可以看出一些，那就是练好功夫能吃香的、喝辣的，也就是能提高生活水平，所以为了这个，那些小孩儿也能吃苦。

第四个字是“恒”，即要有恒心，坚持始终一致、常年不变地练武，你才能成功。坚持不懈地练武，这不是一般人能做到的，你可能坚持练一天两天或者一个月两个月，甚至一年两年，更有甚者能坚持练三年五年，但如果你能练一辈子武术，而且天天如此，风雨无阻，这就非常难。所以说贵在有恒，常年不断，风雨无阻，这才能提高你的功夫水平。“恒”也是衡量你武德水平的一种表现。有的人这山望着那山高，这个拳还没学好呢，又想去学那个拳，最后一个也没学好，所以要坚持、有恒心才行。

第五个字是“勤”。大家都知道“勤能补拙”“笨鸟先飞”。有可能你的先天条件不是很好，你如果再没有勤的精神，那就很难练好了，只有拳不离手、曲不离口，你走一步，我走两步，老是比别人多付出一些，才可能走到最后你比别人练得好。实际上人的智商差距不大，可以说百分之九十九的人之间没有大的差别，那种天才、奇才可能几万人中都没有一个，是很少的，大部分人都是通过自己的勤奋才成功的，所以说只有勤奋努力、始终不弃的人，才能攀登上最高的山峰。

第六个字是“巧”。所谓的巧就是要巧练，当你也酷爱了，也有恒心了，也勤练了，但练得不巧、不科学，而是傻练，也是不行的。要想达到事半功倍的效果，就要巧练，要多思多想。老师经常告诉我们：“能说不练嘴把式，能练不说傻把式，只有能练会说才是巧把式。”也就是说，说起来夸夸其谈，但练不好那只是嘴把式，你只会练却说不上来，也是不行的，所以说你不仅要会练，还要能说出来，才是真的会练武的人。

第七个字是“精”。没有最好，只有更好。有人问武术练到一定的境界，什么算最好的？我认为“不怕千招会，就怕一招鲜”，可能会得再多都不如一招练得精更为实用。所以说要在有限的范围内，精益求精，争取练到极致，才能达到武术的更高水平。

第八个字是“纯”。过去讲武术要达到炉火纯青的地步，我认为练武之人不论什么时候，都要把它作为未来要追求的目标。能真正达到炉火纯青的地步才算得上“出师”，但这部分人很少，大多数人也只能算得上“成材”罢了。要想真正地达到这个境界，首先要有名师指导，其次就是自身条件一定要很好，在这些基础上，还要持之以恒、有敬业精神，也就是我刚才说的那几条。当你这八个字都能做到了，你就离炉火纯青不远了。所以说武是很难学的，要想真正地练武，取得大的成就，必须要有真正的敬业精神，再孜孜以求，才有可能达到，而且还要刻苦钻研，刻苦练功。

由于时间关系，今天的讲座就先到这里，感谢各位领导、老师和同学的到来，最后希望大家都能勤学苦练，学有所成，谢谢大家！

对中国武术的思考

主讲：吴彬　　整理：刘永

吴彬，1937 年生于浙江湖州，国家级武术教练，原国际武术联合会技术委员会主任、亚洲武术联合会技术委员会主任、中国武术协会副主席、北京武术院院长、北京武术队首任总教练，荣膺中国武术最高段位——九段；现任北京市武术协会常务副主席、北京人文大学武学院院长。

一、中国武术的国际发展之路

问：武术如何在国际上发展？比如说：师生传承这种模式的推广。

答：很荣幸，能来到这次武学讲坛。坐在这个位置上，我想起了当初 1958 年来到北京体育大学上学的感觉。当时没有什么武学讲坛，但是有武学活动，北京的老拳师和很多有名的教练就在前面那个老的教学楼里面进行武学活动，我感觉非常亲切。刚才那位同学提到，武术在国际上的发展能不能走师生关系这种中国传统形式。其实这种教学关系早就有了，特别是华侨，主要是广东、福建这一块，为了生活，他们奔波在世界各地。一些华侨（包括一部分老拳师）以及他们的子女在劳务工作之余，也在学习武术锻炼身体，所以这种传承是很正常的，也是一种文化。

我到过很多国家，除了亚洲的许多国家外，还有美国、澳大利亚。在那里练习的拳种很多，不仅有南方的拳种，也包括许多北方的拳种。当然练习的人也很多，不仅有中国人，也有许多外国人。咏春拳你们都知道，在美国、英国传播得都极为广泛，这都是以前的老拳师传播过去的。这些传承都是按照中国传统的师生关系进行的，学生称呼老师，几乎都叫“师父”，很少叫“老师”和“教练”，并且十分有礼貌，学生到教室上课，很恭敬地跟老师敬礼，如果老师不在，同学之间互相敬礼，这都是东方的传统礼仪。特别是李小龙的功夫电影，比如《猛龙过江》《死亡游戏》等上映以后，中国功夫更是家喻户晓。中国功夫传播最好的时期，就是李小龙那个时候。所以你刚才说的武术在国际上以师生关系传承，这种模式已经发展很长时间了。

二、民间传统武术发展的现状及走向

问：您怎么看待民间传统武术发展的现状及走向?

答：这个问题问得很好，我就从我个人的经历说起吧。我从小就热爱武术，然而考北京体育学院（现北京体育大学）的时候考的不是武术专项，而是举重专项，所以大一的时候我是在举重队。我从十二三岁起就在上海的举重馆和精武体育会（精武体育会以武术为主，同时也有举重）练习举重，很幸运地接触到了许多世界举重冠军，是他们给了我许多精神的启发，激励我去练举重。但是对于武术的情结更早，在我上小学，七八岁的时候，经常路过一个书摊，那里有许多小人书都是关于武侠的，比如《三侠五义》《小英雄》，许多小伙伴聚在那里一边嗑瓜子，一边津津有味地看。到了大一点，十二三岁的时候，我就开始看武侠小说，看完后异常兴奋，非常想练习武术，可是没人教。后来抗战胜利后，父母带着我回到他们的工作单位（一个炼钢厂）。幸运的是，里面的一些工人习练拳术：

长拳、大洪拳、小洪拳等，我就跟着他们一起练习。可是好景不长，工人们一走，也就没人教了，虽然非常喜欢，但是没人教。所以到现在我也觉得，如果遇到好的老师，你可能练得非常不错，如果遇到一个一般的老师，虽然你学会了，但如果你想参加一些比赛，水平可能还不够。

我真正踏上武术之路的转折点是 1958 年，我考上了北京体育学院。1959 年全运会后，校长宣布：我校教学楼不够，同学们需要到砖厂烧砖，建教学楼，增加我校的建筑面积。所以我们武术系以及其他一些院系的学生，带着铺盖到砖厂去干活。到了那里，让人高兴的是，我的邻床竟然是我的辅导员——当时北京体育学院的研究生（一共才两个），就是现在导引养生功的创始人——张广德老先生。他跟我说："你练什么举重啊，就你这小体格练武术最好了！再者，你只练举重，毕业后教学就只会教举重，可是现在小学、初中没有举重课，你教什么啊，还不如跟我练武术。到时候你既可以教举重，又可以教武术，这不很好嘛！"我非常高兴地答应了，往后的每天早上起床就跟张老师练武术，所以说，我的武术启蒙老师是张广德老师。在我们劳动快要结束的时候，出去参加全运会比赛的武术运动员回来了，学校里要求他们给我们做慰问演出，这场武术表演让我看到了真正的武术，包括各种拳术：八卦拳、太极拳、八极拳、长拳、形意拳等，此外还有拳术对打、器械对打，他们的表演极大地坚定了我学习武术的信念。仅仅三个月，我就学会了张老师教的初级拳三路，为我打下了良好的套路基础。半年后，我申请从举重班转到武术班，时任系主任的张文广教授对此非常惊讶，问我："吴彬，你为什么要从举重班转到武术班？"我说："腰练举重受伤了。"然后他高兴地说："那好啊，练武术能把腰治好！"可以看得出来他非常同意，因为武术班就两个人，而摔跤班和举重班以及其他班级都有十几个人，所以我就很顺利地进入了武术班。

到了武术班，我才真正知道武术不仅只有书本上的课程，还有许多书本上没有的传统套路（这些教材是 1955 年由全国各地最优秀的教授、教师以及民间习练传统武术的老拳师共同编著的）。1953 年，在天津举办了全国民族形式体育表演及竞赛大会，全国各个省市派来的代表，都是非常有名的老拳师、专家等，会上各种各样的武术套路都有，他们聚到一起就是为了创编统一的套路来推广。为什么要创造统一的武术套路来推广？主要原因是：中国武术博大精深，不仅拳种多，而且门派多，既然举办比赛推广武术，不管推广哪一个门派的拳种，大家肯定都彼此不服气。为什么会形成不同门派之间的对立？有一句拳谚说得好，“拳打人不知”，就是说，自己拳术里的一些绝技不让外人知道。因为在百年前，武术是用来防身自卫的，所以绝不会让对手知道自己的打法，这也就造成了各门派武术、拳种之间的不了解，这是中华人民共和国成立前的状况。但是中华人民共和国成立后就不一样了，国家强调“发展体育运动，增强人民体质”。以增强体质为目的，把身体素质提上去，再来研究武术技术，这就是你们所说的中华人民共和国成立前只有武术套路，没有散打的原因，其中还有一些政策、政权的原因，这里就不再多说了。随着这些问题的解决，武术越来越开放，所以中华人民共和国成立后的教材编撰对武术的发展十分重要，为武术指明了前进的方向。

1956 年以后就有了武术的少年比赛和青年比赛，主要以规定拳为主，没有其他的武术套路。到了 20 世纪 60 年代，开始有了自选拳比赛，但还是有规定的。真正的民族传统项目的发展，起始于 1979 年举办的全国武术观摩交流大会，所有的民族传统项目都可以参加，但必须是代表各省市的主要拳种。从这时开始，国家开始重视武术并投入人力、物力、财力进行武术的发掘整理，直到 1986 年，全国各地共发掘了 129 个拳种。从以上可以看出，武术的推广发展具有时代性和阶段性，而且发展武术的关键是大家必须要团结，并由国家出面制定出统一的套路进行教学。还有就是发掘出的套路只放在库里，起不了多大作用，这就需要老师和同学们进行研究整理，去粗取精，去伪存真，继承和发扬民族传统项目。

三、一代名师的执教心得

问：请您谈一谈培养李连杰等一大批优秀运动员的成功经验以及如何成为一名优秀的竞技教练员。

答：这是我一生的工作，也是我预感到的使命。刚才跟张院长也聊了，让我到大学讲课，肯定不如这些教授和老师讲得好，因为我本身是一名教练员，如果你让我在训练场上教学生，以我的经验肯定能胜任。就如刚才说的那样，我举重出身，后来转练武术并参加一些比赛，可以说是半路出家，因此刚开始我连培养出一大批优秀运动员的想法也没有。

那时候经常有外宾来校参观，武术、体操等表演活动是必不可少的。由于经常参加这些活动的组织、编排，我积累了大量的经验，参加工作以后这些经验给了我巨大的帮助，也就是说，作为一名优秀的教练员，必须具备很好的组织、编排等基本能力。

此外，作为一名优秀的教练员，要广泛学习，在书上学习，在学校学习，在工作实践中学习。比如招武术学生，通过三年的工作实践我得出：招武术学生，最好从小学开始，李连杰就是 1971 年的那一批。再者，要多带着队员参加、参观各种比赛以获取丰富的赛场经验。1971 年，安徽省举办了一个邀请赛，我们都去了，到那里一看，安徽队实力雄厚，山东队、上海队、江苏队也非常强劲，我们根本没法跟他们比，但是这次我们看到了他们的水平，也了解到自己的不足，积累了比赛经验。1972 年，在济南举办的第一次全国正式武术比赛，这次是有成年队的正式比赛，少年队只颁发优秀奖。这次比赛，由于吸取了上次的比赛教训，很好地发挥出了自己的优势，以李连杰为代表的北京队拿了最多的优秀奖。

还有，一个武术队要有向心力和凝聚力。接下来我们成立了专业队，为以后的发展打下了坚实的基础。1973 年，我们参加了许多重要活动，整个首都的各大体育馆表演都有我们武术队的身影，包括中央的表演我们也过去参加，这些活动对我们来说都是机遇，都为我们成立北京武术专业队打下了基础。1974 年，中国武术团访问美国、日本，回来后得到了一致好评。因此，我向有关领导提议成立专业队。不到两个月，北京武术专业队就成立了，当时队伍的凝聚力非常强，为后来取得的成绩做了铺垫。

最后，我要说最关键的一点：优秀的教练员要掌握对手各个队的情况，学会与他们进行交流，认真对待每一场比赛并在比赛中汲取经验，找到自己的不足并改正，应用到自己的工作中来，工作才是检验实践的最佳方式。成立专业队后不久，我们就紧急备战 1974 年全国武术比赛。1971 年安徽邀请赛、1972 年全国武术比赛，我见到过许多武术队员的比赛，水平都非常高，特别是一些老队员，有很多东西是我们需要学习的。恰巧，那时国内文化交流比较多，武术当仁不让地成为首选，因此很多武术队都来北京集训，而且集训的时间也比较长。这就给我们带来了难能可贵的机遇，我们也抓住机会学习并赶超他们。为了在短时间内赶超他们，受限于自身能力，我向有关领导申请配备一名优秀的教练员。在教练员的辛勤指导和学生们的刻苦训练下，在 1974 年的全国武术比赛上，北京武术专业队取得了骄人的成绩：李连杰取得了男子个人全能冠军，北京队获得全国武术比赛团体冠军。

陈氏太极拳理论与五层功夫

主讲：陈小旺　整理：庄斯伟

陈小旺，1945 年 10 月出生，河南省温县陈家沟人，第七届全国人大代表，河南省第七届政协委员，文化部公布的第三批国家级非物质文化遗产项目代表性传承人之一；曾担任河南省陈氏太极拳协会主席、河南省武术协会主席、陈家沟陈氏太极拳协会名誉会长、世界陈小旺太极拳总会会长、中国伍福精英会名誉会长。

尊敬的各位领导、武术界的前辈、同学们，大家晚上好！今天能来到武学讲坛，我很高兴。我将练拳几十年的体悟与大家交流一下，其中既有成功的喜悦，也有练功中走过的弯路和迷茫。我将这些经历与大家交流，也是希望大家在练太极拳的时候少走弯路，避开练功中的误区。

要想练好太极拳，我们首先应该了解太极拳的基本理论和运动特点。王宗岳《太极拳论》开篇就讲“太极者，无极而生，动静之机，阴阳之母也”。世间万物都由阴阳两种要素相互作用而成，就人体运动而言，动静、快慢、攻守、进退、刚柔、虚实、呼吸、起伏等都符合阴阳的原理。太极拳参悟天地运行规律，将这一圆的运动的规律发挥到极致。太极图以最简单的方式揭示了“圆、空”运动的特性。圆则绵长不断且灵活多变，空则虚实相生且轻灵无滞，太极拳集圆和空于一体，则能做到活泼自如、循环无碍、变化无穷。因此，在太极拳练习中特别强调“无使有凸凹处，无使有断续处”“随屈就伸，引进落空”等。陈氏太极拳内气鼓荡，外示安逸，动作刚柔相济、虚实开合、松活抖弹，将运动如抽丝、迈步如猫行的运动特征发挥到极致。陈氏太极拳练习时“静中触动，动犹静”“化中有打，打中寓化”，给人一种沉稳淡定、神态自若、气韵生动、雍容大气之美。太极拳中舍已从人、借力打力、以柔克刚、后发制人的技法也体现了中国哲学思想。

其次是太极拳的科学练习法则。对太极拳练习者来说，应该明确练习的目的。太极拳既是强调格斗技击的武术，又是养生健身术。其目的不同，练习的方法就有较大差别。作为强调格斗技击的武术，太极拳又招招有御敌之能，其借力打力、四两拨千斤的特点是独一无二的。作为养生健身术，它将呼吸吐纳与太极缓慢运动结合在一起，能通经舒络、强健筋骨，起到延年益寿的功效。目前，日本和欧美国家越来越多的人开始练习太极拳，他们把太极拳视为最健康的运动方式之一。这都要归功于太极拳自然、柔和、流畅、圆活等运动特点和静、松、匀、慢、柔、连、随、意等动作要领。因此，根据不同的练习目标，采用相应的练习方法才能到达事半功倍的效果。

太极拳练习强调循序渐进。我个人体会，太极拳练习分五层功夫，从开始练习的第一天就算是进入第一层功夫，达到最高层，也就是第五层功夫，是五阴五阳平衡。五层功夫，按阴阳比例来讲，第一层功夫百分之二十，第二层百分之四十，第三层百分之六十，第四层百分之八十，第五层百分之百。一般练习者通过努力达到百分之八十是可以做到的，但是要达到百分之百是极为少见的。换句话说，太极拳艺无止境，是需要终身学习修炼的技艺。陈家沟的太极拳，大架、小架、老架、新架、气沉……这些套路全会了，也没有几个能接近百分之百的水平。

太极拳练习要重视基本功。许多太极拳练习者不大注重太极拳的基本功，上来就直接学练太极拳套路，这会使练太极拳的效果大打折扣，甚至会因姿势不对导致损伤，可能出现憋气胸闷和动作的阴阳失衡。太极拳的肩、腰、腿等基本功的练习，对于形成太极拳正确的练习方法不可或缺。肩、腰、腿的基本功练习是全身各个关节韧带松沉、灵活的基础，关节韧带松活了才能周身协调。松肩练习包括手臂拉伸、轮转、绕环和配合呼吸的开合等，松腰（胯）练习包括左右旋转、拧转、绕环和重心左右腿转移等，松腿练习主要包括压腿、踢腿、举腿和提膝平衡等。膝关节对太极拳练习极为重要，要懂得重心变换中的虚实，膝关节的垂线不过脚尖，否则容易伤到膝关节。

练太极拳除了需明师指点外还要学会体悟。初学之时，应按照老师的传授在一招一式上下功夫，认真揣摩手、眼、身、法、步，掌握路线、方位、运动轨迹和动作要领。动作熟练后开始注意动作的起落虚实与呼吸吐纳的配合，体会何为用意不用力、气沉丹田、虚灵顶劲，体会松腰敛臀、沉肩坠肘、舒指坐腕、运动如抽丝、迈步如猫行等。初学者戒贪、戒多，需将基本动作练熟而懂劲，做到身形自然调直，中正安舒，流畅圆活，上下内外，虚实宜分，以意导气，每个动作能“根在脚，发于腿，腰为主宰，贯通四肢”。常年依法练功不辍则可以强筋骨、通脉络、祛病延年和防身自卫。练习太极拳需明白阴阳之理，《太极拳论》中说：“每见数年纯功，不能运化者，率皆自为人制，双重之病未悟耳！”双重就是不辨阴阳、不明阴阳。当然，只练习太极拳套路，不练习太极推手和散手那也是不行的。练太极拳的目的有健身养生和实用技击之分，大部分练习者都是为健身养生而练，这部分人往往认为练练太极拳套路就行了，这种认识显然是片面的。太极拳是内外兼修的拳种，其内是否充盈鼓荡则只有通过推手的练习才能加以体现和纠正，仅仅练拳架套路而不练推手则无法检验练习的效果，也无从纠正拳架。太极拳架练的是“太极十三势”，即“掤、捋、挤、按、采、挒、肘、靠、进、退、顾、盼、定”。掤要张力：要圆撑，不是顶，是粘劲，要有弹性，要顺势牵引，两臂圆撑，腰一转，掤即成也。捋前要空：不要过早让对方识破自己的意图，要引入落空后，才能形成捋，捋不能太远，捋在掌中，又曰捋在尺中，要在手臂尺骨之内。挤要横转：不要直着挤出，那是顶，挤就是挤车的那个劲，把人向两边拨，横是劲路，以腰为轴。按在腰弓：要用全身的劲，尤其要用腰劲，按时手基本不动，好像打气或推车，手的姿势合适了，剩下就是腰带动。采要实：上下两手相合谓之采，采在十指，采在梢节，采要采得结实，运动中脚下欺人，抢对方重心。挒要冷脆：沾衣而发，似乎肢体已经快运动到尽头，突然发力，称作挒劲，要靠旋转发力，不要硬搬。肘要顶冲：顶肘时腰胯先向前，之后肘向前，腰胯向后，形成对撑劲，此外，肘不单是打，要会缠肘，搭手一缠肘，可将对手摔出。靠如山崩：足前移动扎根，整体发力形成冲撞之力，可以肩靠、肘靠、臀靠、胯靠、胸靠，等等。进、退、顾、盼、定各得其法。只有通过推手才能检验太极十三势在实践中的具体应用。

太极拳的练习要持之以恒。太极拳运动最能体现“慢工出细活”，持之以恒，坚持不懈，身心都会在积累中发生变化。《陈氏太极拳图说》中云：“学太极拳不可不敬，不敬则外慢师友，内慢身体，心不敛束，如何能学艺？”持久的恒心来源于兴趣和练功后逐步感受的变化，尤其初练者切不可三天打鱼，两天晒网，没有好的体验就会浅尝辄止，就很容易见异思迁，甚至放弃。

太极拳练习一般适合在早晨和黄昏两个时段，地点应选择人流相对稀少的地方，以公园、开阔地等通风条件较好处和树荫底下为好。运动前后半小时内最好不要进食。酒醉、饱食、心境欠佳时，不宜练习。

最后讲一下当前太极拳练习中普遍存在问题。太极拳自流入民间以来，就以其独特的健身和技击效果广为流传，吸引了众多的练习者。但在练习过程中也存在一些误区。误区一：人们普遍认为太极拳是老年人的运动。实践证明：太极拳运动不仅十分适宜老年人健身，而且对青少年的生长发育、智力开发、道德修养等均有良好的促进作用。误区二：太极拳是十分缓慢的运动。太极拳既可以缓慢练习，又可以快速发力，是刚柔、快慢相济的运动，体能消耗也可

以十分巨大。这项运动对人体的呼吸、消化、生殖、骨骼、神经诸系统均有明显的保健效果。误区三：将太极拳练习舞蹈化。太极拳练习外表上看似非常柔缓轻灵，实则练好非常吃功夫，要求气沉丹田。如果稍不注意就会出现舞蹈化倾向，使练习效果大打折扣。误区四：盲目崇拜名师而非明师，缺乏刻苦练习、细致钻研。功夫来自自我修炼，光拜师不练功，功夫是不会自己上身的。

帮助大家在练习太极拳的过程中避免走入这些误区是我这次讲座的愿望。我自己也走过很多弯路，因此希望大家可以少走一些弯路。

尚武精神的人生价值

主讲：刘玉林　　整理：詹博

刘玉林，中国人民解放军大校，中国军事文化研究会研究员，法学研究生；历任战士、班长、保卫干事、保卫科长、组织科长、团政委、总参谋部法律顾问处主任、总参谋局政治委员、党委书记等职；长期从事军队政治工作和司法工作，多次应邀到部队、院校、企事业单位讲课，深受好评。

一、尚武精神的内涵

各位老师、各位同学，晚上好！感谢大家牺牲晚上的休息时间，来跟我一起研究探讨尚武精神。我个人觉得就武术学院的各位而言，我更像一个外行，但受张院长邀请，今天我就从军人的角度来给大家讲一讲尚武精神。我认为武术跟军事实际上是同源的。因为在冷兵器时代，在战场上主要靠个人的一些本领和武术。将军级别的人物，特别是大将军，都是武林高手，武术和十八般兵器样样精通。后来随着时代的发展，进入热兵器时代以后，情况发生了变化，但是我觉得我们的精神没有变。所以军队离不开武术，武术也同样需要军人那种勇敢无畏的作风。所以这样说起来，军事和武术应该是同源的。

二、军队之魂——尚武精神

在座的都是武术界的科班生，听张院长讲，基本上都是研究生，而且据说我们武术学院几十年来人才辈出。我在网上搜了一下，得知我们武术学院出了许多国家冠军、亚洲冠军、世界冠军，所以我觉得今晚我实际上是来向在座的各位学习的。在讲课之前，我想问我们中国人民解放军打胜仗主要靠什么。我们军队从1927年南昌起义以后，经历了很多场战争，中国人民解放军先后跟国民党军队，跟世界上的多个国家的军队先后交战，胜果颇丰。从1948年9月到1949年1月，我们取得三大战役（辽沈战役、淮海战役、平津战役）的胜利，先后歼灭并收编了国民党一百五十万军队。在朝鲜战场上，我们同以美国为首的多个国家的军队进行作战，打得他们节节败退，最后迫使他们退回到三八线以南。1969年苏联军队跟我们作战也未占到便宜。1979年我们与越南军队的战争就不用说了，无论是越南陆军还是海军都败下阵来。

中国人民解放军打胜仗靠什么？除了一贯的作风外，还有党的领导和强有力的思想政治工作。世界上哪一支军队的思想政治工作都不如我们中国人民解放军。我认为这不是吹牛的，因为我们的思想政治工作做到了每一个战士的心坎上，思想政治工作非常有针对性，非常有号召力，非常能够鼓舞人心。我们的思想政治工作，是指我们顽强的作风，一不怕苦二不怕死的精神，当然还有很重要的一点就是尚武精神。毛主席说战争中人民是胜利之本，毛主席战略思想就是广泛动员群众、充分依靠群众，那么在军队就是依靠士兵，依靠基层的组织。

前不久我到徐州参观淮海战役纪念馆。大家都知道淮海战役，我们是以六十万军队对国民党八十万军队，按常理而言，这个胜率极小，但我们最终取得了巨大的胜利。有人就问了，我们靠什么呢？靠的是百姓，是群众的力量。淮海战役是老百姓推着小车推出来的，抬着担架抬出来的，群众给我们提供了充足的后勤保障。相比之下，国民党的部队后勤储备不足，因为空投保障物质投不准，好多都投到我们的阵地上来了，又没有百姓帮忙，导致战争失败，所以说人民是胜利之本。打胜仗不仅需要人民帮助，还需要士兵具有尚武精神，学武术的人肯定要积极提倡尚武精神，而且我们军队也必须要有尚武精神。作为一个普通人是不是也需要尚武精神？回答也是非常肯定的。毛主席也说过，人是要有一点精神的。

三、民族精神中的核心——尚武精神

毛主席在《为人民服务》这篇文章中，提到司马迁的一句话："人固有一死，或重于泰山，或轻于鸿毛。"毛主席讲，人总是要死的，但死的意义不相同，为人民的利益死得重于泰山，为法西斯卖命、为剥削者压迫者卖命的人死得比鸿毛还轻。回顾一下我们几千年的中国历史，那些先贤圣人能够千古流芳，不是因为他们的财富，也不是因为他们的权势、地位，而是他们的思想、他们的精神，因为精神是不朽的。同样，精神的力量也是不可战胜的，唯有精神才能够永恒。

2014 年，我到俄罗斯旅游的时候，参观了一个俄罗斯国家公墓，叫新圣女公墓，在这个公墓里面安放着两万六千多名曾经在俄罗斯历史上做出贡献的政治家、军事家、思想家、艺术家、文学家等，有托尔斯泰、果戈里、契诃夫这些文学巨匠，还有卓娅与舒拉这些革命英烈，也有乌兰诺娃这样的艺术家，等等。这个公墓收集这些英雄人物与圣贤们的事迹与特点，通过艺术与雕塑的形式表现出来。在这儿，你不但能受到思想教育，同时也能欣赏到艺术的美。我又想到了北京八宝山，也是公墓，但在那感受到的却是一种非常沉闷的气氛，只在一些特殊时刻或者节日才会有人去。相比之下，新圣女公墓这个地方成了学习、教育、参观等很重要的场所，世界各国的人都可以在这感受到俄罗斯的文化和历史，受到教育、受到启迪，这非常好。我有个朋友叫王月瑞，笔名叫韩帅子，他就一直在筹备诸子百家园，把春秋战国时期儒家、道家等先秦百家的智慧结晶通过艺术的形式呈现出来，告诉世界这是我们的中国文化。我觉得这些形式是非常好的，将我们伟大的中华文化通过一定的形式呈现给社会，呈现给我们的人民群众。

我们刚才讲了人要有一定的精神。我们需要什么样的精神？我们应该提倡什么样的精神？我提倡为国家为民族敢于奉献、勇于牺牲的精神。抗日名将杨靖宇同志，他为了国家，为了民族的解放，为了民族的尊严，带领他的部队与日寇周旋，成为日本帝国主义一个很大的阻碍。后来，日军针对这一情况采取了一系列措施，把抗日联军包围起来，也把散落在各个地方的老百姓集中起来，统一管理监控。因为老百姓是抗日联军战士坚强的后盾，老百姓给他们提供食物和情报，帮他们进行掩护。但是日军切断了老百姓和抗日联军战士之间的联系，再加上内部叛徒的出现，这些英雄战士都不幸牺牲。最后杨靖宇一个人仍在孤军奋战，在弹尽粮绝的时候依然顽强地坚持了几天，最后被杀害。日军因为好奇在无进食情况下他凭什么活下来，凭什么东西支撑下来，于是打开了他的胃，发现胃里面都是枯枝棉絮，没有一粒粮食。是什么使杨靖宇这样一个将领有这种顽强的毅力，有这样的精神支柱？是民族的尊严和民族的利益。

四、生命之本、民族之魂、强盛之法——尚武精神

我们提倡为事业、为信念不屈不挠、不懈奋斗的精神。这里我想给大家介绍一个我认识了12年的女孩。2004年，我到武汉当政委，从北京电视台上知道她们一家的故事。这一家有一个母亲、两个女儿，两个女儿都是高位截瘫，生活在陕西农村。12年前，母亲怀着要把女儿的病治好的愿望来到了北京，医生检查以后下结论说这病没法治，但这一家三口在北京留了下来。两个女儿，一个叫王瑞，另一个叫王艳。王艳出去摆摊卖服装，王瑞非常喜欢上学，也非常会读书，从小学上到中学都是班里面的第一。一个陕西农村的小女孩跑到北京来上学谈何容易，首先生活就难，又存在没有户口的问题，但最后这个女孩以优异的成绩考取了中国农业大学。那时，校长亲自来宿舍看望她，给了她很多特殊的政策，比如学费全免，提供寝室给她们一家三口居住，等等。因为她是中国农业大学百年

以来第一个坐轮椅上学，并有优异成绩的女孩。去年她写了一本自传，叫《轮椅上的女孩》。试想王瑞能圆她的大学梦，能够顽强地一路走下来，她至少要挺过四关。第一关是生活关。一家三口没有生活来源，却要在北京立足生活下来就非常难。第二关就是病痛折磨关。她仅靠绷带支架来支撑，而且时间长了就浑身疼，她上厕所都需要母亲或者同学帮助。她为了减少麻烦，白天在课堂上尽量不喝水，吃饭也不喝汤，由于肌无力写字都没力气。所以她要上学、要听课、要完成学业也非常不容易。第三关是户籍关。没有户籍，在北京上不了学，后来母亲去学校找校长，同时靠她这种精神去感动老师和学校领导，使她最终取得了学籍。第四关就是心理关。她要承受很大的心理压力。这样一个女孩，如果没有一个强大的内心，没有一个非常清晰而又坚定的信念，心中没有梦想，她是不可能走到今天的。所以，王瑞在她的自传里面写道："轮椅上的人生即便历经千磨百折也依然可以很精彩。"确实，她活得很精彩，好多大学、中学请她去做报告，请她去讲人生的故事。我把她的书介绍给部队的年轻同志和一些领导干部的孩子们，反应非常好。所以，大家有兴趣的话可以买这本书，既是对她的支持，也是对我们自己的一种修炼。

我们讲了这么几种精神，这些精神都离不开尚武精神。那么，尚武精神到底包括什么精神？怎么解释尚武精神？我理解的尚武精神就是骨气加血气，骨气就是要敢担当，血气就是要勇敢无畏。集中来说，尚武精神就是一不怕苦二不怕死的精神，就是一往无前的精神，就是坚忍不拔、百折不挠的精神。在部队作战时特别强调这点，我想武术学院的学生也是一样，当你面对一个对手，你敢不敢亮剑、敢不敢跟他较量，这非常重要。如果你还没交手就惧他三分，那你还能打得赢吗？为什么有的时候我们的世界冠军眼里透露着一股杀气？不仅武术，其他体育运动也是一样。邓亚萍打比赛的时候，你看她那个眼神，咄咄逼人，那是敢打、必胜、勇往直前的精神。在战争年代，这种精神在军队中显得尤为突出和重要。所以一直讲"狭路相逢勇者胜"，要勇敢面对，要敢于亮剑。尚武精神是我们的武术之魂，相信大家对这个有很深的见解，因为你们是专攻武术这一科的。

中国的传统武术，跟中国的传统文化也是紧密相连的，它充满着哲学，武术强调形与神、刚与柔、外与内等，所以我认为尚武精神是武术之本。军队现在提倡做"四有"军人：一是有灵魂，就是要有信仰；二是有本事，光有精神没有"十八般武艺"，就只能挨打；三是要有血气；四是要有品行。所以，尚武精神在军队是非常重要的。

对于各国的尚武精神，俄罗斯给我的印象特别深刻。一是它有很多的纪念馆和纪念碑，在这方面我们做得还不够。他们为英烈们做雕塑，让纪念馆里面的英烈们“走”出来，这样人们不管在馆里还是在馆外都可以潜移默化、每时每刻地受到熏陶，这是俄罗斯的第一个特点。二是俄罗斯的军事节日据说有 36 个，我曾在海军日那天看俄罗斯停靠的军舰潜艇，岸边人山人海，非常热闹，都在庆祝这个盛大节日。想想我们的八一建军节、空军节、海军节，主要是部队放半天假，自己组织点节目，但是老百姓参与多吗？我们的年轻朋友有参与吗？社会上有多少关注的？所以这凸显我们的国防意识和尚武精神是不够的。三是少年军校，俄罗斯有大量的少年军校，在每个城市都可以看到身穿军服的娃娃兵，军训都从娃娃抓起。四是军人待遇很高。

我认为，人需要有精神，而尚武精神是人生的重要之本。尚武精神不管是在武术界，还是在军队，乃至对每一个人都至关重要。它是我们人生的重要支撑，就像我们的脊梁，尚武精神可以造就人的健康。我们以前都讲“身体是革命的本钱”，你如果没有本钱还去做什么。我们老一辈的革命家，比如毛泽东、朱德、周恩来等，他们都有这种尚武精神。如果没有强劲的体魄，他们怎么能够风餐露宿，爬冰卧雪，死里求生！

在甘肃的南部和四川西北交界的地方有一个草原，是当年红军长征经过的地方，2010 年我去的时候正好是五一，正常情况下那地方五月份是风和日丽，非常美丽的。但那天正好赶上刮大风，当时我们虽做了很充分的准备，带了军大衣，但到了草原一下车，狂风吹得我们还是冻得受不了。当时我们就想穿这么多还冷，当年红军长征的时候是穿着单衣、穿着草鞋的呀！那些爬雪山过草地的革命先烈就是不得了，没有强健的体魄早就冻死饿死了，所以无论干什么首先要有个强健的体魄，这是一个很简单的道理。我们熟悉的武术界的泰斗霍元甲，从小体弱多病，后来学习迷踪拳成了一代大师。

五、英雄气概、克敌制胜——尚武精神

我前面讲到在战争的紧要关头，往往狭路相逢勇者胜。所以说没有尚武精神就没有尚武军队，就不可能有作战的胜利。李云龙面对强敌敢于亮剑，董存瑞、

黄继光、邱少云以及狼牙山五壮士在生死关头勇于牺牲，这就是尚武精神铸就了英雄气概。但是现在有一股歪风，就是社会上有人质疑我们的英雄人物，否定我们的英雄人物。那么我们前面讲的这些英雄人物他们为什么能够这样做，我认为他们身上流淌着英雄的血，是解放军培养了他们无所畏惧、勇于牺牲、敢打必胜的意志与信念，这是尚武精神。红军不发一分钱工资完成长征，我越想越觉得了不起，不仅没有工资还得忍饥挨饿，为的是追求一种理想、一种信念，就是认为我们的共产党、我们的红军是我们人民的，是为我们人民打天下的。

我这里特别为大家介绍一位军队的英雄——丁晓兵，他原来是解放军，后来转为武警，是广西总队的一位政委，他的人生充分体现了尚武精神。丁晓兵在战斗中，扔手榴弹不慎导致右臂没了，正常情况下就是退役后转业回到地方。如果只剩一只胳膊的话，那你打枪、投弹训练，包括你生活起居都不行了，但是丁晓兵就不认输。他就凭着这一只胳膊从连指导员到营教导员再到团政委，最后走到将军的位置。我给大家讲讲他是怎么走过来的。他在当连指导员的时候，曾经有一次紧急集合对他触动很深，因为部队紧急集合是在关掉灯的情况下，一般是三到五分钟要完成穿衣、戴帽、带齐装备，整装待发，而且还要整整齐齐的。三到五分钟而且是在全黑的情况下是很难完成的，以前我们当兵的时候有的人找不到鞋子，有的人找不到腰带、帽子，很正常，所以军人放置物品都是整整齐齐的，一伸手就知道那个地方是什么，一蹬腿就能把裤子穿进去，而且先穿什么后穿什么都是有讲究的，程序错了就乱了。丁晓兵因为只有一只胳膊，所以那天紧急集合他是最后一个出来的，有的人同情他，有的人偷笑他，这件事深深地刺痛了他。从那以后他就关起门来自己练，牙、手、脚全用上，练打背包，练穿衣服，花大量时间去练这些基本动作，后来丁晓兵在当连指导员期间，八项考核指标里面有七项是优秀，另一项是良好，我们可以想象这有多不容易。后来从连指导员到政委这一路走来，他和他带领的部队获得过多枚奖章、多面锦旗及各种荣誉。丁晓兵讲，人可以有残缺之躯但不可以有残缺之志。所以说无论干什么，都要将尚武精神融入血液流淌，它会助你应对挑战。我们再说一下女同学，古人经常讲“巾帼不让须眉”，比如我们历史上的花木兰、穆桂英等，所以不论男女都需要有尚武精神。

六、年轻人如何培养尚武精神

（一）生活上要不怕吃苦

生活上要不怕吃苦，古人经常讲："宝剑锋从磨砺出，梅花香自苦寒来。"中国共产党一贯倡导艰苦奋斗，两弹一星的奇迹就是在艰苦的条件下创造出来的。两个基地一个叫马兰基地，一个叫酒泉基地，这两个基地我都去过。到酒泉基地去看卫星发射，到马兰基地去拜访战友，我发现这两个基地都非常艰苦，方圆百里都没有人烟。马兰基地曾经是我们国家核武器实验基地，地处新疆，几百里没有人烟。在这样的一个地方工作，你如果没有吃苦的精神和顽强的毅力是坚持不下来的。

1972年年底，我们在山西忻州一个大山沟里，离县城有35公里，还是盘山路，到县城要一个半小时。在那里，吃菜靠自己种，喂猪养牛自己干，最大的一个难关就是粮食。我们南方人吃大米习惯了，到了那儿要吃粗粮，玉米面、高粱面，冬天还没有青菜，只有土豆、白菜、萝卜。我们第一次吃粗粮，食堂的玉米面金黄金黄的，看上去很好，一拿拿好几个，但是第一口咬完了，很粗很糙，满口渣，咽不下去。因为每天都要吃，所以很多年轻小伙子知道晚上要吃粗粮了，就在中午吃包子、吃米饭的时候吃得饱饱的，晚上就不吃了。部长一看这不行，得想个办法，就把一年的粗粮集中一个月吃完，顿顿吃粗粮，大家想想是什么滋味。因为是黄土高原，山上没有什么树，一刮风就是黄沙蔽日，从办公室到食堂，只有五分钟的路，但是一身都是土，很艰苦。就在这样的情况下，我们在那待了十年。

我讲的问题是什么，就是不怕吃苦，要敢于坚守，越是在生活碰到困难的时候，越要坚持下来。所以我认为吃苦并不是吃亏，我们常讲"吃亏是福"，如果你没有吃苦，你就成就不了事业。吃苦就像盖房子，苦吃得越多地基就越扎实，你盖得就越高，而且你一旦有了吃苦的经历，在今后的人生道路上你会觉得艰难困苦都不在话下。我举个简单的例子，1984年那会儿我将近三十岁，部队组织我们爬峨眉山。由于当时没有索道，车子开到半山腰，离山顶还有40公里，就靠自己的腿爬上去。因为年轻，爬上去下山后，又爬了回去，从心里就不怕。吃过苦，体验过艰难的生活，人也就不一样。

（二）紧要关头要不怕碰硬

我讲一个我熟悉的老英雄——抗美援朝空军一级战斗英雄刘玉堤。我在武汉当政委的时候，就请他做过报告。刘玉堤是陆军出身，后来抗美援朝成了飞行员。刘玉堤创造了什么奇迹呢？就是在一次空战当中击落了 4 架美军飞机，这在全军是绝无仅有的，在世界上也是奇迹。那么是因为他技术高超吗？我们的飞行员有的就飞行了几十小时，多了也就几百小时，而美国的飞行员都是几千小时，所以说技术战术没法比，不在一个层次上。那么靠什么？他本人说："我们是陆军出身，我们是短兵相接拼刺刀拼出来的，美国的飞行员哪见过这个，可能离儿百米心里就扑腾了。"他把拼刺刀的精神用作空战，所以美国飞行员见到他就胆战心惊。当时规定是飞机不能追到海上去，因为海上有美军的军舰，到那儿去非常危险。抗美援朝时期的我们是多么贫穷啊，一架飞机是非常宝贵的，但是他一见到美军的飞机，就想起当年日本鬼子扔炸弹，炸死我们的父老乡亲，炸死我们的战友，他就想到美军的飞机炸到朝鲜的国土，把他们的村庄烧毁，他一想到这个，就由不得自己，他要追，所以一次击落 4 架飞机，他就是那种性格。他去世时享年 92 岁，他是一位非常可亲可敬的老英雄。

（三）人生道路上要不怕挫折

有人说，只有经过失败考验的英雄才是真正的英雄，我们要做失败的英雄。人生道路上也是一样的，不可能一帆风顺，潮起潮落是非常正常的。毛主席曾经说过："前途是光明的，道路是曲折的，只有在那崎岖的山路上，不畏艰辛攀登的人，才有希望看到光辉的一面。"

我们搞科研工作同样如此，在实际科研工作当中，也需要尚武精神，特别是有些大专家，有些成就的专家。为什么这么讲？因为教学科研的课题搞出来，关系到国家的安全，关系到国防建筑，搞砸了，你就要担当责任、担当风险。在课题面前你敢不敢担当，这就需要尚武精神。所以我当政委的时候就跟他们讲，不要怕失败，要敢于失败。因为不做就没有一点希望，我们一旦做了，哪怕是百分之一的希望，我们用百分之百的努力，它就有可能成为百分之百的成功。你不给他卸包袱，拧那股劲，他确实不干，所以引导着担责任，他就干。在碰到困难的时候，在出现僵局的时候，人容易打退堂鼓，容易怀疑自己。一定要勇敢一点，

坚持下去。就像那个时候谁也不知道井冈山到底能打多久。那个时候谁能看到1949年中华人民共和国成立？看不到。但是只要我们朝前走，总会有那一天，科研同样是这样。所以呢，只要咬紧牙关，勇敢前行，就有成功的机会，有句话说：成功是在不懈的坚守当中。所以年轻人，不要怕失败，不要怕挫折，人生当中出现挫折是很正常的。

（四）生死关头要不怕牺牲

中国近代史为什么是一部屈辱史？因为落后就要挨打。闭关锁国政策使我们落后于时代，没法面对西方的坚船利炮。但是我们挨打仅仅是因为落后吗？不是。圆明园之殇，甲午战争之痛，南京大屠杀之残，这些都不仅仅是因为我们落后。圆明园就在我们身边，大家都去过。火烧圆明园是两次啊，1860年一次，1900年一次。1860年是英法联军，1900年是八国联军，他们还没来，清政府就跑了，跑到承德去了，因为怕死，不敢面对，不敢迎战，不敢叫板，所以我们的圆明园被烧毁了。法国作家雨果说，有一天，两个强盗跑到圆明园，一个进去洗劫一空，一个进去放了把火，这两个强盗一个叫法兰西，一个叫英吉利。所以我们现在进到圆明园看到的是另外一种景象。有人说要重修圆明园，我觉得没必要，你把圆明园修了，谁能想到当年，留下来教育后人不挺好的嘛，重修圆明园有什么意义呢？

我认为中国人民在全世界人民的面前，特别是在西方列强面前，真正站起来是在抗美援朝之后。面对 16 个国家的美式装备，飞机坦克大炮，我们只有“小米加步枪”，而且当时我们刚刚成立中华人民共和国，台湾还没有收回。这种情况下，毛主席能够胸怀大志，以非常雄伟的胆魄，决定抗美援朝，凭借自己的力量让他们节节败退，让美军不得不停战。美国人说抗美援朝的停战协议是他们唯一一次在没有取得战争胜利的情况下所签订的协议，中国在抗美援朝战争中创造了以少胜多、以弱胜强、以劣势装备战胜优势装备的例子，提升了国际地位。在提到抗美援朝出现的好多英雄，比如欧阳海、王杰这两位英雄，他们都是在死亡面前能够挺身而出的人。所以不论个人和国家，尚武精神始终是我们的站立之基、民族之魂、强盛之法，这就是我的观点。尚武精神的意义在于，如果你是一只苍鹰，那么它将助你翱翔蓝天，如果你是一艘航船，那么它会助你扬帆远航，谢谢大家！